GRUNDLAGEN UND GEDANKEN ZUM VERSTÄNDNIS DES DRAMAS

Für den Schulgebrauch zusammengestellt

AISCHYLOS

DIE PERSER

BEARBEITET VON

DIETRICH BÖER

D1727291

VERLAG MORITZ DIESTERWEG

Frankfurt am Main · Berlin · München

6357

Inhalt

ISBN 3-425-06357-X

1. Auflage 1972

© Verlag Moritz Diesterweg, Frankfurt am Main 1972

Gesamtherstellung: Oscar Brandstetter Druckerei KG, Wiesbaden

Monophoto Filmsatz

Vorwort

In der vorliegenden Arbeit wird der Versuch unternommen, dem Leser den Zugang zu dem frühesten uns überlieferten Drama der Weltliteratur zu öffnen: zu den Persern des Aischylos. Es soll nicht eine abgeschlossene Interpretation vorgelegt, sondern dem Leser ermöglicht werden – sei er Lehrer, Schüler, Student oder aus rein persönlichen Motiven an diesem Werk interessiert –, auf Grund der ihm hier gegebenen Informationen und Meinungen diese Tragödie zu verstehen und einen Überblick zu erhalten über die Probleme und Komplexe des Werkes, denen sich die Wissenschaft bisher besonders zugewandt hat. Das Literaturverzeichnis am Schluß der Arbeit ist so eingerichtet, daß der Interessierte schnell die durch diese Arbeit erworbenen Kenntnisse weiter vertiefen kann.

Dem Verständnis der Perser stellt sich vor allem entgegen, daß wir über die Vorstufen der Tragödie, über die Ursachen und Hintergründe ihrer Entstehung, über ihre kultische Funktion innerhalb des Dienstes zu Ehren des Gottes Dionysos nur sehr wenig wissen. In den Persern haben wir plötzlich ein Werk vor uns, ausgereift zu höchster Kunstform, in dem schon sämtliche Merkmale unseres europäischen Dramas im Keim enthalten sind, eingekleidet aber zum Teil in fremdartige, unser Verständnis erschwerende Formen und Riten, deren Herkunft für uns dunkel ist.

Diesen Problemen des Tragödienursprungs ist das erste Kapitel der Arbeit gewidmet. Es wird bei der Darstellung bewußt vermieden, eine der zahlreichen Theorien als Tatsache darzubieten. Vielmehr soll deutlich werden, auf welchen überlieferten Zeugnissen die Theorien aufbauen, wie die Aussage der Zeugnisse jeweils gewertet wird. So kann sich der Leser selbst ein Bild machen über gesicherte Tatsachen und über notwendigerweise hypothetisch Erschlossenes. Zur Sprache kommen die beiden Hypothesen, denen man wohl am ehesten Wirklichkeitsnähe zugestehen kann, die auch die meisten Anhänger gefunden haben. Bei der Darstellung wird besonders Wert darauf gelegt, auch auf die schwachen Stellen dieser Hypothesen hinzuweisen, damit immer deutlich bleibt, auf welch dünnem Boden wir uns bewegen. Freilich muß bei der Wiedergabe dieser Theorien wegen der Komplexität des Problems stark vereinfacht werden. – Ergänzt und erweitert wird dieses Kapitel durch Angaben über Person und Leben des Aischylos.

Der Abschnitt „Gang der Handlung" ist nicht so angelegt, daß man ihn flüssig auf einmal lesen kann, sondern setzt eine vorhergehende sorgfältige Lektüre des Textes voraus. Am günstigsten dürfte es sein, den Text parallel zur Lektüre dieses Kapitels zu benutzen; denn dieser Abschnitt gibt nicht das Geschehen vollständig wieder, sondern beschränkt sich auf Hinweise und Erläuterungen unterschiedlichster Art zum Text. Vor allem aber wird versucht, die Strukturen der Handlung, das Geflecht der die Handlung tragenden Motive klarzulegen.

Der Wort- und Sachkommentar, nach der Verszahl durchgezählt, dürfte besonders denen eine Hilfe sein, die sich bislang mit griechischer Mythologie noch nicht beschäftigt haben.

Das fünfte Kapitel berücksichtigt vornehmlich die Komplexe, mit denen sich die Forschung bisher am eindringlichsten auseinandergesetzt hat. Dort dürfte der Leser die meisten Anregungen für eine Interpretation des Werkes erhalten.

Im letzten Abschnitt wird im wesentlichen nur auf die Neufassung der Perser durch Mattias Braun 1960 eingegangen, da bedeutende andere Nachdichtungen fehlen. Der Autor kommt hier in Textauszügen und eigenen Kommentaren zum Werk ausführlich zu Wort. Im Rahmen des Schulunterrichts dürfte es eine reizvolle Aufgabe für Schüler und Lehrer sein, die Unterschiede in Intention und Durchführung herauszuarbeiten.

Textgrundlage für diese Arbeit ist die Perser-Übersetzung von Curt Woyte, Reclams Universal-Bibliothek Nr. 1008. Sämtliche Verszahlen und zitierten Verse beziehen sich auf diesen Text. Abweichungen sind zusätzlich gekennzeichnet.

Literaturhistorische Voraussetzungen

Entstehung und Entwicklung der griechischen Tragödie

Die Perser des Aischylos, aufgeführt im Jahre 472 v. Chr., sind die älteste Tragödie, die uns erhalten geblieben ist. Sie ist das früheste Glied einer Entwicklung, der wir über mehr als zwei Jahrtausende hinweg bedeutendste Werke der europäischen Literatur verdanken; denn durch die griechische Tragödie wurden erst die Voraussetzungen für das europäische Drama geschaffen.

Sind die Perser auch für uns ein Anfangspunkt in der Entwicklung, so sind sie doch keineswegs voraussetzungslos. Sie stellen nämlich in der Geschlossenheit ihrer Diktion und ihres Aufbaus, in der meisterhaften Ausgestaltung und Durchgestaltung ihrer Formen schon eine hohe Entwicklungsstufe dar, der verschiedene andere Stufen vorausgegangen sein müssen.

Aber die Nachrichten, die uns über Vorstufen überliefert sind, sind nicht sehr zahlreich und außerdem recht unsicher und unklar in ihrem Aussagewert, so daß man bisher Ursprung und Entwicklung der Tragödie nur hypothetisch zu erschließen vermag.

Trotzdem sind einige wenige sichere Tatsachen festzuhalten. Wir kennen einige Vorgänger des Aischylos mit Namen, besitzen einzelne Verse von ihnen und kennen auch Titel ihrer Werke. Zu nennen sind hier Thespis, Choirilos, Phrynichos und Pratinas. Aus einer antiken Siegerliste über die athenischen Wettkämpfe, von der uns Reste erhalten sind, können wir noch ersehen, daß Aischylos etwa 10 Vorgänger gehabt haben muß.

Für Thespis besitzen wir ein gesichertes Datum von großer Bedeutung. Das Marmor Parium, eine parische Marmorchronik aus dem Jahre 264/63 v. Chr., in der wichtige Ereignisse der griechischen Geschichte in chronologischer Reihenfolge zusammengestellt sind, gibt an (ep. 43), daß Thespis als erster an den Großen Dionysien in Athen, den Festspielen, an denen die Tragödien späterhin jährlich zur Aufführung kamen, in der 62. Olympiade (536/35–533/32 v. Chr.) eine Tragödie aufgeführt hat. Ob es sich hier schon um einen Wettkampf handelte, ist nicht mehr festzustellen.

Aus dieser Nachricht lassen sich einige wichtige Schlüsse über die Entstehung der Tragödie ziehen. Zu diesem Zeitpunkt hatte sich demnach die Tragödie schon genügend entwickelt, um in Athen offiziell anerkannt und jährlich im Frühjahr aufgeführt zu werden. Weiterhin: Dieser staatlichen Anerkennung und Förderung muß ein politisches Interesse zugrunde gelegen haben. Betrachten wir die politische Konstellation um diese Zeit, so wird der Grund sofort klar: Peisistratos, der Tyrann von Athen, stützte sich vor allem auf die Bauern, hielt den Adel dagegen nieder; ihm mußte daran gelegen sein, dem Gott Dionysos, der besonders bei den Bauern verehrt wurde, hohe Ehre zukommen zu lassen und damit auch die Bauern zu fördern. Er ließ deshalb das Fest der Großen Dionysien zum wichtigsten Staatsfest weiterentwickeln und nahm die Tragödie, die von Anfang an fest mit dem Dionysoskult verbunden war, in die Feierlichkeiten auf. So standen zu Beginn der Tragödie handfeste politische Interessen im Vordergrund. Ähnliche Entwicklungen hatten schon, wie wir sehen werden, vorher in Korinth und Sikyon stattgefunden.

Damit sind die wichtigsten gesicherten Fakten schon genannt. Aber auch über einige Grundlagen für die Tragödienentstehung besteht weitestgehend Einigkeit in der Forschung. So standen am Anfang der Entwicklung mimische Tänze, in denen sich die Tänzer mit bestimmten Figuren identifizierten und sich verkleideten. Aus diesen Bereichen ist die Maske zum festen Bestandteil der griechischen Tragödie geworden, die bei der Aufführung vom Schauspieler getragen wurde. Diese Verkleidungen hatten magischen oder religiösen Charakter und fanden zu Ehren von Göttern statt, meistens zu dem Zwecke, diese Gottheiten zu irgendetwas zu veranlassen. Solche Tänze können wir in Griechenland seit dem 6. Jhdt. auf vielen Vasenbildern nachweisen. Aber sie sind keine nur auf Griechenland beschränkte Erscheinung, sondern – wie uns die Ethnologen nachweisen konnten – vielen Völkern gemeinsam.

Mimische Tänze bilden jedoch nur den background für die griechische Tragödie; davon ist die ureigentlich griechische Entwicklung zu trennen, die aus solchen primitiven Anfängen eine hohe Kunstform schuf und in ihr den Versuch unternahm, die Welt zu deuten und zu ergründen.

Aristoteles (Poetik c4, 1449a 9), der wichtigste Gewährsmann der Antike für die Ursprünge der Tragödie, bezeichnet den Dithyrambos als Ausgangspunkt der Entwicklung, und seiner Angabe wird auch allgemein Glauben geschenkt. Der Dithyrambos war der Gesang im Dienste des Dionysos, des Gottes des Weines, der Fruchtbarkeit und der ekstatischen Verzückung. Wir besitzen leider nur spätere Ausformungen des Dithyrambos, so daß wir über die Vorform dieses Gesangs nichts Sicheres mehr aussagen können; denn er hat – gerade auch unter dem Einfluß der Tragödie – tiefgreifende Wandlungen erfahren. Alles, was wir über seine früheren Formen aussagen wollen, kann notwendigerweise nur hypothetisch sein.

Die gesicherten Fakten für eine Bestimmung des Tragödienursprungs und der frühen Tragödienentwicklung sind also nicht sehr zahlreich und nicht sehr aussagekräftig. Wir besitzen aber antike Zeugnisse über dieses Problem, die uns zwar kein klares Bild geben, jedoch Grundlagen bilden können, um spekulativ die Ursprünge zu erschließen. Solche Hypothesen hängen davon ab, welchen Wert man den einzelnen Zeugnissen beimißt und wie man ihren Wortlaut deutet.

Im Laufe der wissenschaftlichen Untersuchungen haben sich zwei Hypothesen herauskristallisiert, denen am ehesten Wirklichkeitsnähe zugestanden werden kann. Bevor diese nun knapp dargestellt werden sollen mit allen ihren Unzulänglichkeiten, ist es notwendig, auf die Problematik der antiken Zeugnisse einzugehen. Wir können im wesentlichen zwei verschiedene Arten von Zeugnissen über diesen Komplex unterscheiden, die gemäß ihrem Entstehungszweck und ihrer Überlieferungsgeschichte auch einen unterschiedlichen Aussagewert besitzen:

1. Die erste Zeugnisgruppe stammt aus Schriften der frühantiken Wissenschaftler. Die Ursprünge der Tragödie sind in ihnen das Thema, über das reflektiert wird, waren sie doch schon damals in das Zentrum der wissenschaftlichen Auseinandersetzungen geraten. Diese Zeugnisse sind recht ausführlich, aber es ist für den heutigen Wissenschaftler schwer und stellenweise unmöglich zu erkennen, welche Teile aus einer guten Überlieferung stammen, welche von dem Verfasser selbst hypothetisch erschlossen wurden. Hinzu kommt, daß die frühesten Zeugnisse dieser Art erst etwa 200 Jahre nach den Anfängen der Tragödie geschrieben wurden und damals schon viele Anekdoten und Wucherungen das Bild der ersten Tragödiendichter verstellten.

Zu nennen ist unter diesen Zeugnissen vor allem die klassische Stelle über die Entstehung der Tragödie in Aristoteles' Poetik c. 4, 1449a 9–29:

„Die Tragödie, die, wie wir sagten, nicht anders als die Komödie, einem Stegreifursprung entstammt (und zwar jene, nämlich die Tragödie, von den Vorsängern des Dithyrambos, diese von denen der Phalloslieder, wie sie heute noch in vielen Städten gebräuchlich geblieben sind) wuchs allmählich dadurch heran, daß man das jeweils zutage tretende Wesenselement weiterentwickelte, und nach dem Durchlaufen vieler Verwandlungsstufen kam die Tragödie in ihrer Entwicklung zum Stillstand, als die in ihr ursprünglich angelegte Form voll verwirklicht war. Was z. B. die Zahl der Einzelschauspieler angeht, so hat diese zuerst Aischylos von einem auf zwei weitergebracht, wie er auch den Anteil des Chores vermindert und der gesprochenen Rede die führende Rolle zubereitet hat. Die Einführung von drei Schauspielern und der Bühnenmalerei gehört dem Sophokles. Weiter wuchs der Umfang (der Handlung) aus zuerst kleinen Vorwürfen heran. Im Sprachstil gelangte sie aus einem satyrhaften Spiel erst spät zu feierlicher Würde." (Übersetzung Patzers S. 20f.)

2. Die zweite Zeugnisgruppe ist äußerst wertvoll und hat einen hohen Aussagewert, da sie von Zeitgenossen (z. B. Solon, der um 600 v. Chr. lebte) stammt. Sie gibt aber inhaltlich über das eigentliche Thema nicht viel her, da sie nur beiläufig in ganz anders gearteter Thematik (meist politischer) auftaucht und sich mit den besonders interessierenden Fragen nicht auseinandersetzt. Sie bietet aber gerade deshalb den Vorteil, daß sie die Tatsachen nicht unter dem Einfluß einer bestimmten Theorie oder Absicht verändert oder erweitert.

Hier sind vor allem Nachrichten über Arion von Lesbos zu nennen, einen Dichter, der um 600 v. Chr. vom Tyrannen Periander nach Korinth gerufen wurde.

Die erste Hypothese, zuerst entwickelt von Wilamowitz, weiterhin vertreten vor allem von Pohlenz, Lesky und Buschor (s. Literaturverzeichnis), stützt sich in ihren wesentlichen Aussagen auf die zitierte Aristotelesstelle und versucht die anderen Zeugnisse möglichst in dieses Bild einzuordnen. Alle gehen von dem Aristotelischen Entwicklungsschema aus, daß die Tragödie aus dem Dithyrambos und dem Satyrikon, einem satyrhaften Spiel, entstanden sei, das später „feierlich" geworden sei (s. Zitat S. 7).

Aristoteles leitet das Drama gänzlich aus Improvisationen ab. Die Vorsänger des Dithyrambos sind für ihn der Ausgangspunkt, sie stimmten den Gesang an, leiteten ihn ein und traten so dem Chor als Hauptträger des Gesanges gegenüber. In diesem Gegenübertreten sieht Aristoteles den Uranfang des Dialogisch-Dramatischen.

Als zweite Vorstufe nennt Aristoteles das Satyrikon, aus dem sich erst die Tragödie umgebildet habe. Sie sei erst spät im Sprachstil aus einem satyrhaften Spiel zu feierlicher Würde gelangt.

Um die Schwierigkeiten zu lösen, zwei so substantiell unterschiedliche Ausgangspunkte für die Entstehung der Tragödie annehmen zu müssen, ziehen die Anhänger dieser Hypothese Zeugnisse über Arion von Lesbos heran, die dem 2. Zeugnistyp zuzurechnen sind:

1. Bruchstück von Solon im Kommentar des Byzantiners Johannes Diaconus zu dem Rhetor Hermogenes (nicht wörtlich):

Das erste Tragödiendrama hat Arion aus Methymna aufgeführt, wie Solon in seinen so betitelten Elegien lehrte.

2. Herodot 1, 23:

Arion aus Methymna ..., der zu seiner Zeit hervorragendste Kitharode, der unseres Wissens zuerst von allen Menschen einen Dithyrambos dichtete, mit Namen benannte und in Korinth einstudierte.

3. Artikel „Arion" aus dem Lexikon der Suda (um 1000 n. Chr.):

(Arion) soll auch der Erfinder der tragischen Dichtweise gewesen sein und (er soll) als erster eine Choraufführung besorgt und einen Dithyrambos haben singen lassen und das (jeweils) vom Chor Gesungene mit Namen benannt haben und (er soll als erster) Satyrn, die einen metrischen Text sprachen, auf die Bühne gebracht haben.

Auf Grund dieser Zeugnisse glauben sie den Zeitpunkt gefunden zu haben, an dem beide Entwicklungsstränge sich miteinander verbinden und der sogenannte Satyrdithyrambos entstanden sei – (darüber äußert sich Aristoteles nicht), und kommen etwa zu folgender Hypothese:

Um das Jahr 600 v. Chr. führte Arion in Korinth Chöre in den Dionysoskult ein, die aus bocksgestaltigen Satyrn, den üblichen Trabanten des Dionysos, bestanden. Diese sangen Dithyramben zu Ehren des Dionysos, Chorgesänge mit erzählendem Inhalt, denn darauf weise die Nachricht, Arion habe „das vom Chor Gesungene benannt". Hier vereinigten sich demnach Dithyrambos und

Satyrikon, das sich diese Erklärer als satyrhafte Vorstufe des späteren Satyrspiels vorstellen, als drastische mimetische, tänzerische Darstellungen einfachster Form.

Später wurden diese Chöre von Athen übernommen. Die Athener ersetzten aber die peloponnesischen bocksgestaltigen Satyrn durch die bei ihnen üblichen pferdegestaltigen Silene, die dem Charakter nach den Satyrn sehr ähnlich sind. Der Name „Bocksgesang" (tragoidía) für diese Chöre setzte sich aber trotz der pferdegestaltigen Silene auch in Athen durch. – Die zunächst noch komischen Gesänge nahmen mitsamt ihren komischen Chorpersonen, den Silenen, allmählich einen ernsten, erhabenen Charakter an: die komische Thematik wurde durch Vorlagen aus der Heroensage ersetzt, aus den Silenen wurden menschliche Personen.

Den Hauptbeitrag zu dieser Entwicklung soll Thespis geleistet haben, der um 534 v. Chr. zu dem Chor, der bisher allein sang, einen Sprecher, den 1. Schauspieler, hinzufügte. Und zwar soll es nach einem Zeugnis des Themistios (or. 26. 316 d), der sich auf Aristoteles beruft, zunächst Aufgabe dieses Schauspielers gewesen sein, einen Prolog zu sprechen, um auf das in den Chorgesängen Vorgetragene vorzubereiten. Die 2. Stufe müßte es dann gewesen sein, daß dieser Sprecher mit dem Chor ins Gespräch kam.

Nun war es aber Überzeugung der alexandrinischen Gelehrten, wie uns überliefert ist, daß Pratinas aus Phleius, der nach Thespis lebte, das Satyrspiel erfunden habe. Dieser Schwierigkeit begegnen die Vertreter dieser Hypothese, indem sie einerseits – wie schon erwähnt – das aristotelische Satyrikon als eine Vorstufe des eigentlichen Satyrspiels auffassen, andererseits behaupten, durch das Ernstwerden der Chorgesänge sei das Satyrhafte zunächst verdrängt worden. Pratinas habe aber als Erneuerer eingegriffen, dem alten Satyrspiel wieder zu neuem Recht verholfen und dafür gesorgt, daß es – wie es dann fester Brauch in Athen war – als 4. Stück zusammen mit drei Tragödien jährlich aufgeführt wurde. Daher stamme die Überlieferung – wie sie z. B. in der Ars poetica des Horaz (220) anklingt –, Pratinas habe das Satyrspiel erfunden.

Die kritischen Stellen dieser Hypothese sind etwa folgende:
1. Die Vertreter dieser Hypothese vertrauen gänzlich den Aussagen des Aristoteles, obwohl wir über den Wert und die Vielzahl seiner Quellen nichts wissen. Betrachtet man die berühmte Stelle über die Entwicklung der Tragödie im weiteren Zusammenhang der Poetik, ihre Funktion innerhalb des Beweisaufbaus, so zeigt sich, daß Aristoteles insgesamt einer straffen Systematik und Methode innerhalb seiner Gedankengänge folgt – die Stelle ist ja nur ein Teil einer Entwicklungsdarstellung der Dichtung überhaupt (vgl. Patzer besonders S. 53 ff., S. 69 ff.) –, und es liegt der Verdacht nahe, daß er nur aufgrund systematischer Rückschlüsse zu seinen Ergebnissen gelangt ist.

2. Ein Satyrdithyrambos als Dichtungsgattung ist im Altertum nirgends belegt. Er wurde erst von modernen Erklärern erschlossen, selbst Aristoteles spricht nicht von ihm, obwohl man ihn ja aus seinen Angaben gewonnen hat. Und es sollte zur Vorsicht mahnen, daß in der Antike niemand darauf kam, Aristoteles' Worte so aufzufassen.

3. Die Nachricht über Arion in der Suda (vgl. oben S. 8) läßt nur dann den Schluß auf einen Satyrdithyrambos zu, wenn man die drei Angaben, daß Arion Erfinder der tragischen Dichtweise, des Dithyrambos und der Satyrdichtung gewesen sei, auf *eine einzige* Dichtungsform bezieht. Die Nachricht kann aber durchaus so aufgefaßt werden, daß Arion die drei Dichtungsarten – getrennt voneinander – eingeführt hat.

4. Bocksgestaltige Satyrn sind auf den Vasen des 5. Jhdts. weder auf der Peloponnes noch in Attika nachzuweisen, sie haben vielmehr alle Pferdeohren und Pferdeschwänze. Der Bockssatyr taucht erst im Hellenismus in der Plastik auf und ist offensichtlich erst durch Einwirkung der Pandarstellung entstanden. Somit ist die These nur schwer zu halten, bocksgestaltige Satyrn seien in Athen durch die pferdeartigen Silene ersetzt worden.[1]

5. Eine Umwandlung der Satyrthematik, die ja äußerst derb, erotisch und komisch gewesen ist, in die Heroensagen der Tragödie durch ein stufenweises Ernstwerden ist kaum vorstellbar; dafür sind beide Formen zu wesensfremd.

Die zweite Hypothese, 1962 von Harald Patzer vorgelegt, beruht auf einer neuen gründlichen Analyse sämtlicher überlieferten Zeugnisse. Patzer stellt die Nachrichten über Arion, die zur Gruppe der wissenschaftlich nicht reflektierten Zeugnisse gehören und aus früheren Jahrhunderten stammen, in den Mittelpunkt seiner Hypothese. Er lehnt dabei die Deutung der genannten Gattungen auf einen Satyrdithyrambos ab und faßt Arion als Einführer dreier verschiedener Dichtungsarten auf.

Demnach wurde Arion von Lesbos, schon berühmt durch seine Chorlyrik, von dem Tyrannen Periander von Korinth um 600 v. Chr. an seinen Hof eingeladen, um ein Staatsfest für Dionysos auszugestalten. Perianders Motive für diese Neuerung dürften ähnlich gelagert gewesen sein wie die, die wir schon für Peisistratos nachweisen konnten.

Arion erfüllte diesen Auftrag in dreifacher Weise. Zunächst gestaltete er den schon bestehenden Dithyrambos – nach Patzers Rekonstruktionsversuch zu diesem Zeitpunkt noch ein einfacher Gemeindehymnus, ein Kultlied für Dionysos, bei dem ein Vorsänger den Gesang anstimmte und die ungeschulte Menge einfiel – kunstvoll aus. Die Hauptneuerung Arions war nun, daß er in Anlehnung an die schon weiter entwickelten Chorhymnen, die für die alten Staatsgötter

---

[1] Die Kopenhagener Scherbe, die einen Satyrn mit Leier zeigt mit der Beischrift „Dithyramphos", reicht als einziger Beleg für einen Gegenbeweis nicht aus.

gesungen wurden, ein Stück Heroenerzählung zum Mittelpunkt des Dithyrambos machte. Diese Heroenerzählung stellte ein theologisches Beispiel dar für göttliches Wirken und ordnete sich so sinnvoll in das Kultlied des Dionysos ein. Patzer sieht darin einen Ausgangspunkt für die Thematik der Tragödie, die ja mit dem Gott Dionysos, zu dessen Fest sie aufgeführt wurde, inhaltlich nichts zu tun hat.

Als Beleg für diese These führt Patzer vor allem Herodot 1, 23 an und bekräftigt sie noch mit dem Hinweis, daß erst nach Arion Spuren von Dithyramben mit Heroenerzählung auftauchen.

Die zweite Neuerung des Arion betraf nach der Sudanotiz die Satyrchöre: Arion habe „in Versen redende Satyrn" auftreten lassen. Während die Vertreter der anderen Hypothese diese Bemerkung auf die Dithyramben beziehen und meinen, Arion habe die Dithyramben von Satyrn aufführen lassen, hält Patzer diese Bemerkung für einen Beweis für einen zweiten Beitrag des Arion zu der Ausgestaltung des Staatsfestes und zieht den Schluß, Arion habe die schon vor ihm existierenden einfachen pantomimischen Tanzdarstellungen, über die allgemein Übereinstimmung besteht, zu Chordichtungen gemacht. Aus diesen hätten sich dann unter dem Einfluß der Tragödie die eigentlichen Satyrspiele in Athen entwickelt.

Patzer nimmt dabei als Vorstufe der pferdeartigen Silene nicht bocksgestaltige Satyrn an, da sich diese nicht nachweisen lassen. Er verweist dafür auf Tänzer menschlicher Gestalt mit dickem Gesäß und Bauch, die bisher als Vorstufe für die Komödie aufgefaßt wurden. Sie treten in großer Fülle auf korinthischen Vasen des ausgehenden 7. bis zum Ende des 6. Jhdts. in Erscheinung. In der Thematik der Darstellungen zeigen sie eine starke Ähnlichkeit zu den Silenen: ausgelassene Tänze, Trinkereien, Diebstähle, Mädchennachstellungen derber Art. Oft erscheint Dionysos mit auf den Vasenbildern. Patzer hält diese Tänzer nicht für menschliche Zecher, sondern für dämonische Wesen wie die Silene, ursprünglich selbständig, später dem Dionysos zugeordnet. – Den Übergang dieser Wesen in den attischen Silenstyp und die Rückwirkung wieder auf Korinth stellt sich Patzer genauso vor wie die Vertreter der anderen Hypothese, sieht man von der Setzung der Dickbäuche an die Stelle der Bockssatyrn ab.

Die besondere Leistung des Arion läge bei der Schaffung dieser zweiten Dichtungsart, daß er zum erstenmal pantomimische Darstellungen mit dem gesprochenen Wort, vorgetragen von einem Chor, verbunden hätte.

Auch die Urtragödie ist für Patzer eine Schöpfung des Arion. Er beruft sich dabei auf das Solonzeugnis (in Johannes Diakonos' Kommentar), Arion habe das erste tragische Drama aufgeführt. Da Zeugnisse für die Zeit davor fehlen, die auf eine Vorgeschichte der Tragödie als dionysischer Kultdichtung hinweisen, glaubt Patzer an eine Neuschöpfung des Arion und versucht sie aus einer Kombination von Elementen des Dithyrambos und der mimetischen Satyrchöre zu

gewinnen. Demnach habe Arion zur Grundlage der Tragödie den Heroen-
mythos genommen, der ja in der neuen Form Kernteil des Dithyrambos war, und
diesen in mimetische Form umgesetzt; denn die Tragödie sei vom Dithyrambos
kaum mehr unterschieden als durch die mimetische Form. Der Charakter dieses
Teils als theologisches Beispiel für das Wirken des Göttlichen überhaupt blieb
auch für die Tragödie erhalten, so daß von daher die Unabhängigkeit der Tragödie von dionysischer Thematik zu erklären sei. Die mimetische Form aber
übernahm Arion aus den Satyrchören. Diese, die ihrem Wesen nach am ur-
sprünglichsten dionysisch waren, wurden ja zu demselben Feste wie der Dithyrambos aufgeführt und übten einen natürlichen Druck auf ihn aus, so daß auch
dieser die mimetische Form annahm. Der ursprüngliche Dithyrambos bleibt
aber daneben erhalten, woraus sich ergibt, daß die Dreiheit der Aufführungen
von Dithyrambos, Tragödie und Satyrspiel in der klassischen Zeit, wie sie in
Athen bei den großen Festspielen üblich war, schon von Arion eingeführt wurde.

In Herodots Nachricht über die Einführung tragischer Chöre in Sikyon, einer
Nachbarstadt Korinths, durch den Tyrannen Kleisthenes, der kurz nach 600
lebte, sieht Patzer die erste Wirkung der Arionschen Neuschöpfung und einen
Beweis für seine These. Diese Nachricht beweise auch seine Annahme, daß die
Urtragödie rein chorisch gewesen sei.

Patzer glaubt auch nicht an eine Einführung des ersten Schauspielers durch
Thespis. Seiner Meinung nach bezieht sich die Nachricht über das Jahr 534 schon
auf einen Wettkampf, setzt also voraus, daß die Tragödie schon von verschie-
denen Dichtern über längere Zeit entwickelt wurde. Er nimmt an, daß der
Sprechvers schon viel früher in Athen von außen an die Tragödie herangetreten
ist, und zwar unter dem Einfluß der ionischen Sprechdichtung (jambisch oder
trochäisch), die kurz nach 600 von Solon in Athen eingeführt wurde. In der
weiteren Entwicklung stimmt er im wesentlichen mit den Vertretern der anderen
Hypothese überein.

Für Patzer ist also die Urtragödie die bewußte Schöpfung eines Mannes, der
Elemente aus den bestehenden Dichtungsformen kombinierte. Mit dieser Annahme bleibt ihm erspart, ein allmähliches Ernstwerden der komischen Satyrthematik anzunehmen, das nur schwer nachvollziehbar ist; denn wie soll sich
aus den drastischen Spielereien der Satyrn die heroische Thematik allmählich
entwickelt haben? Wie können die Zwischenstufen ausgesehen haben? Das
Satyrspiel liefert bei Patzer nur die mimetische Form; die Thematik, übernommen vom Dithyrambos, ist von Beginn an ernst und behält auch den ernsten
Charakter bei.

Scheint auch vieles für die Wahrscheinlichkeit dieser Hypothese zu sprechen,
so ist doch Patzer, um sie halten zu können, an manchen Stellen zu sehr künst-
lichen Konstruktionen gezwungen: Besondere Schwierigkeiten bereitet es ihm,
das Wort „Tragödie", das ja Bocksgesang bedeutet, zu erklären. Da er an die

Stelle der bocksgestaltigen Satyrn die Dickbäuche als Vorläufer der Silene gesetzt und gerade die Böcke aus der Entwicklung der Tragödie ferngehalten hat, behilft er sich mit einem Kunstgriff, bei dem man ihm aber nur noch schwer folgen kann. Er nimmt an, daß eine „Sinnübertragung" des Wortes „Bocksgesang" stattgefunden hat. Wie das Wort „Handtuch" auch für das Tuch zum Abtrocknen benutzt wird, obwohl es ja nicht nur zum Trocknen der Hände da ist, und man sogar zu der an sich grotesken Tautologie „Händehandtuch" gekommen ist, genauso sei das Wort „Bocksgesang" in ganz frühen Stufen auf alle magischen Tänze und pantomimischen Darstellungen von Fruchtbarkeitsdämonen wie Panen, Satyrn, Silenen und Dickbäuchen übertragen worden. (Solche Darstellungen lassen sich auf frühen Vasenbildern nachweisen.) Wahrscheinlich wurden die Bocksgesänge wegen ihrer größten Beliebtheit oder größten Häufigkeit zum Sammelbegriff für alle Darstellungen der Art und konnten so später auch auf die Tragödie übertragen werden, obwohl die Akteure gar nicht als Böcke verkleidet waren.

Eine zweite fragwürdige Stelle der Hypothese liegt darin: Die Dickbäuche auf den korinthischen Vasen lassen sich viel leichter und sinnvoller, da sie so keine Metamorphose ihrer Gestalt durchmachen müssen, auf die Komödie beziehen und können – wie es bisher üblich war – als Ursprungselement dieser Dramenform aufgefaßt werden.

Es zeigt sich, daß beide Hypothesen, von denen es noch viele im einzelnen abweichende Formen gibt, an vielen Stellen fragwürdig bleiben. Ein zufriedenstellendes Ergebnis wird auch so lange nicht zu erreichen sein, bis nicht der Zufall uns neue Funde in die Hand spielt, aus denen wir sichere Schlüsse ziehen können.

Bisher können wir das kostbare Gewächs der Tragödie, dem das Abendland so unendlich viel zu verdanken hat, erst in seiner voll ausgestalteten Form greifen: zuerst in den Persern des Aischylos. Die Frühzeit, die uns viel über die Wurzeln dieser einzigartigen Entwicklung aussagen könnte, die der Mensch, die Welt zu sehen und zu deuten, durchgemacht hat, verliert sich im Dunkeln und läßt uns nur Raum zu Spekulationen, von denen sich nur wenige gesicherte Fakten abheben lassen. Erst mit Aischylos, der vermutlich selbst die Tragödie aus primitiven Anfängen zu der uns bekannten hochentwickelten Form geführt hat, lichtet sich für uns das Dunkel. Aber auch ihn können wir erst im hohen Mannesalter erkennen, sein Frühwerk – und damit sein Weg zu solch hohem Aufstieg – ist nicht mehr greifbar.

Die Aufführungspraxis, wie sie sich seit der Ausgestaltung des Festes der Großen Dionysien durch Peisistratos im Jahre 534 v. Chr. entwickelt hatte, sah etwa folgendermaßen aus: Jedes Jahr Anfang März feierte Athen mehrere Tage lang zu Ehren des Gottes Dionysos das Fest der Großen Dionysien, an dem alle freien Bürger teilnahmen. Am ersten Tag wurde in feierlicher Prozession die Statue des Dionysos Eleuthereus in den heiligen Bezirk des Gottes Dionysos am Südhang der Akropolis eingebracht. Der zweite Tag war einem Wettkampf lyrischer Chöre vorbehalten, die zu Ehren des Gottes feierliche Dithyramben sangen. Vom 3. bis 5. Tag wurden jeweils von einem Dichter 3 Tragödien und ein Satyrspiel aufgeführt. Die Ausstattung übernahm ein reicher Bürger, die Einstudierung des Chores und oft auch die Rolle des 1. Schauspielers war Aufgabe des Dichters. Auch von Aischylos wissen wir, daß er in jüngeren Jahren oft als 1. Schauspieler in seinen Stücken aufgetreten ist.

Die Jury, die über Sieg oder Niederlage des Dichters abzustimmen hatte, wurde vom Archon Eponymos, dem höchsten Staatsbeamten, durch das Los bestimmt. Der Sieger erhielt einen Preis.

Am frühen Morgen des jeweiligen Tages begaben sich alle Bürger in das offene Rund des Dionysostheaters am Südhang der Akropolis, das etwa 20.000 Personen faßte, und sahen sich unter freiem Himmel bis zum Abend die 3 Tragödien und das Satyrspiel eines Dichters an. Jede Tragödie durfte nicht länger als höchstens 2 Stunden dauern; die Verszahl schwankte zwischen 1.100 und 1.400 Versen.

Im Mittelpunkt des Geschehens stand anfangs der Chor, der mit Tanz und Gesang die Orchestra beherrschte.

In der weiteren Entwicklung wurde er in seiner Bedeutung immer mehr von den Schauspielern zurückgedrängt, wenn er auch seine zentrale Rolle in der griechischen Tragödie nie verlor. Alle Personen trugen Masken, so daß man ihr Mienenspiel nicht sehen konnte. Wichtigstes Ausdrucksmittel waren neben der Stimme die Gebärden und der Tanz.

Jeder Schauspieler – zunächst stand sogar nur ein einziger zur Verfügung – spielte verschiedene Rollen: er brauchte ja nur sein Gewand und seine Maske zu wechseln.

Der Stoff für die Tragödie wurde den mythischen Erzählungen des Volkes entnommen. Er war allen Zuschauern bekannt; ihr Interesse galt der besonderen Deutung, die der Dichter dem Stoff verlieh.

Für uns heute ist vor allem unverständlich, welch eine Verschwendung die Griechen sich leisten konnten; denn jede Tragödie durfte nur ein einziges Mal aufgeführt werden. So ist es auch nicht verwunderlich, daß jeder der großen Dichter gegen 100 Tragödien geschrieben haben soll.

Aischylos

Über Aischylos' Leben besitzen wir nur wenige gesicherte Daten. Er wurde 525/24 v. Chr. in Eleusis geboren. Sein Vater Euphorion war ein vornehmer Grundbesitzer und gehörte einem alten edlen Geschlechte an.

In Eleusis soll Aischylos wegen Verletzung des Mysteriengeheimnisses angeklagt worden sein, wurde aber freigesprochen, da er unwissentlich Anstoß erregt hatte. Diese Geschichte ist recht gut bezeugt, so daß man ihr große Wahrscheinlichkeit zubilligen kann.

Im Alter von 35 Jahren kämpfte Aischylos bei Marathon gegen die Perser, wobei sein Bruder Kynegeiros getötet wurde, und nahm auch an der Seeschlacht bei Salamis teil. Einige Quellen berichten noch von seiner Beteiligung an anderen Kämpfen, ihnen ist aber nur geringer Aussagewert zuzugestehen.

In höherem Alter reiste Aischylos nach Sizilien an den Hof des Hieron. Er verfaßte dort aus Anlaß der Neugründung der Stadt Aitna durch Hieron ein Festspiel „Aitnai", von dem uns nur wenige Bruchstücke überkommen sind. Vermutlich hat er dort auch 470 „Die Perser" zum zweitenmal aufführen lassen. Der Grund für die Reise nach Sizilien ist uns unbekannt, der Dichter dürfte aber einem Ruf Hierons gefolgt sein, der – als bedeutendster Fürst der Westgriechen – berühmte Künstler an seinen Hof zu ziehen versuchte. 468 v.Chr. befand sich Aischylos schon wieder in Athen. Warum er später noch einmal nach Sizilien ging, ist ungeklärt. Schenkt man einer Anspielung des Aristophanes in seiner Komödie „Die Frösche" (Vers 807 ff.) Glauben, daß Aischylos über das athenische Publikum verstimmt gewesen sei, so könnte man vielleicht darin den Grund für seine Reise sehen.

Aischylos starb im Jahre 456/55 in der sizilischen Stadt Gela. Auf seinem Grabstein stand ein Spruch, nach der Überlieferung von ihm selbst entworfen, der nur auf seine Teilnahme am Kampf gegen die Perser Bezug nahm, aber nicht auf sein dichterisches Werk. Er lautet:

„Aischylos liegt hier begraben, Euphorions Sohn, der Athener.
In der fruchtreichen Stadt Gela bezwang ihn der Tod.
Aber von seiner Kraft zeugt Marathons Hain, der berühmte,
Wo der Perser, der dichtlockige, sie hat erprobt."

Alle diese Fakten über das Leben des Aischylos sagen recht wenig über seine Persönlichkeitsstruktur und über seine Überzeugungen aus. Nur aus seiner Grabinschrift können wir vielleicht in Ansätzen erkennen, wie er selbst zu seiner Tätigkeit stand, worauf er Wert legte: Der Dienst im Kampfe für seine Heimatstadt scheint ihm wichtiger gewesen zu sein als sein Künstlertum. Der Botenbericht in den Persern wird es uns bestätigen. Gerade bei dieser Selbsteinschätzung dürfte es wichtig sein, die Zeitereignisse und die gesellschaftlichen Entwicklungen, die ihn prägten, festzuhalten.

Aischylos wuchs auf, bevor Athen seine Tyrannen vertrieb. Er erlebte den lebensbedrohenden Einfall der Perser, kämpfte mit und errang mit den für unmöglich gehaltenen Sieg. Vor seinen Augen vollzog sich Athens Aufstieg zur Weltmacht, zur beherrschenden Macht im östlichen Mittelmeerraum, vor allem durch den attischen Seebund. Er lebte während der glorreichen Tage Athens, als die Demokratie ihre stärkste Ausprägung erfuhr, indem sie alle freien Bürger an der Regierung mitwirken ließ. Er nahm daran teil, als Athen seine Verfassung reformierte und seine freiheitliche Ordnung durch das Gesetz sicherstellte. Alle diese gewaltigen Entwicklungen schienen Aischylos nur durch das direkte Einwirken der Götter auf das Geschehen möglich zu sein, wie sein Werk zeigt. Sie unterstützten und förderten seine tief religiöse Auffassung.

Schon in jungen Jahren trat Aischylos in den tragischen Wettkampf ein. Antike Lexikographen verzeichnen für die 70. Olympiade, also für die Jahre 499–496, sein Eintreten in einen Agon mit Choirilos und Pratinas. 13 Siege errang er im tragischen Wettkampf nach den Angaben des Marmor Parium (vgl. oben S. 5), den ersten im Jahre 484. Wir kennen noch 79 Titel Aischyleischer Tragödien, er soll aber über 90 geschrieben und aufgeführt haben. Von dieser ungeheuren Fülle sind uns nur sieben vollständig erhalten geblieben, dazu einige Bruchstücke. Und auch dies verdanken wir nur dem Umstand, daß sie in den Schulunterricht in der Antoninenzeit aufgenommen wurden.

Alle erhaltenen Tragödien stammen aus späteren Schaffensperioden, so daß uns das gesamte Frühwerk des Aischylos verloren ist, durch das wir gewiß wichtige Aufschlüsse über die Entwicklung der Tragödie erhalten hätten. Trotzdem können wir mit Sicherheit davon ausgehen, daß die Entwicklung der Tragödie in der Frühzeit vor allem durch ihn bestimmt war. Durch Aristoteles wissen wir, daß er den Anteil des Chores an der Tragödie einschränkte und den 2. Schauspieler einführte – eine Neuerung, die erst die Entwicklung der Tragödie von einem statischen Singspiel zu wirklicher dramatischer Aktion ermöglichte.

Die älteste uns überlieferte Tragödie sind die Perser, die im Jahre 472 aufgeführt wurden. Aischylos errang damals mit den Tragödien ,,Phineus'', ,,Perser'', ,,Glaukos Potnieus'' und dem Satyrspiel ,,Prometheus Pyrkaeus'' den Sieg im tragischen Agon. Die Tragödien stehen nicht in einem inhaltlichen oder motivischen Zusammenhang, nicht im Verbande einer Inhaltstrilogie, wie alle anderen uns überlieferten Aischyleischen Werke, sondern sind Einzeltragödien. Ob Aischylos zu diesem Zeitpunkt die Inhaltstrilogie noch nicht geschaffen hatte, ist aus dem Überlieferten nicht zu erschließen. Sein Werk erhielt aber in der Inhaltstrilogie ,,Die Orestie'', bestehend aus den Tragödien ,,Agamemnon'', ,,Die Choephoren'', ,,Die Eumeniden'', die uns alle vollständig überliefert sind, seine bedeutendste Ausprägung. Sie wurde 458, zwei Jahre vor Aischylos' Tod, in Athen aufgeführt.

Außer den schon genannten Werken sind uns nur noch die Tragödien ,,Sieben gegen Theben'', ,,Die Hiketiden (Schutzflehenden)'', ,,Der gefesselte Prometheus'' erhalten. Wie groß die Anerkennung war, die die Athener dem Aischylos als Dichter zollten, bewiesen sie durch einen Volksbeschluß direkt nach seinem Tode, mit dem sie ihre Tradition durchbrachen, daß jede Tragödie nur einmal aufgeführt werden durfte: seine Tragödien wurden auch weiterhin an den Großen Dionysien zum Wettkampf zugelassen und errangen nach seinem Tod noch manchen Siegespreis.

Wort- und Sachkommentar

1 ff.	Parodos = Einzugslied des Chores (V. 1–151). Da im offenen Rund des griechischen Theaters nicht wie bei der heute üblichen Guckkastenbühne ein Vorhang zum Publikum gezogen werden konnte, nahm der Chor traditionell seinen Einzug tanzend durch die Seitentore. – Vers 1–64 wurden unter Musikbegleitung (mit einem flötenähnlichen Instrument) vorgetragen; Vers 65–136 wurden gesungen, Vers 137–151 wie Vers 1–64 vorgetragen. Bei den beiden letztgenannten Abschnitten handelt es sich um Anapäste, die in der griechischen Tragödie typisch für das Einzugslied des Chores sind.
4	Xerxes (geb. um 519 v. Chr.) herrschte von 486 bis 465. Im Jahre 480 unternahm er den vergeblichen Feldzug gegen Griechenland. – Dareios I., Xerxes' Vater, herrschte von 521 bis 486 v. Chr. Er erweiterte das persische Reich bis zum Indus. Seine Kriegszüge gegen die Skythen (513) und gegen Griechenland (492–490) scheiterten. Er starb während der Vorbereitung eines neuen Zuges gegen Griechenland.
15 f.	Susa war Hauptstadt des Perserreiches; Ekbatana, heute Hamadan, Hauptstadt des Mederreiches. Kissia ist eine weitere persische Stadt (vgl. V. 118/119).
21 ff.	Die Namen sind vermutlich größtenteils von Aischylos erfunden. Einige führt auch Herodot an. – Nach Nennung der Perser (bis Vers 32) kommen die Bundesgenossen und Vasallen (33 ff.): die Ägypter, die Lyder, Myser und Babylonier.
24	Großkönig hieß der Herrscher über das gesamte persische Reich, der seinen Sitz in Susa hatte. Ihm unterstanden verschiedene Könige.
67 ff.	Xerxes überbrückte den Hellespont, um mit seinem Heer nach Griechenland überzusetzen. Helle ist eine mythische Gestalt, Tochter des Athamas, die auf der Flucht vor dem Opfertod von dem Rücken des Widders mit dem goldenen Vlies, den Hera ihr zur Rettung schickte, in die Meerenge stürzte. Sie gab dem Hellespont ihren Namen.
83 f.	Als typisch für die Bewaffnung der Griechen galten die Lanze und der Speer, für die Perser der Bogen bzw. der Pfeil (vgl. 144 ff.).
95	Ate, eine Tochter des Zeus, ist einerseits das Verhängnis, das von den Göttern über den Menschen geschickt wird, andererseits aus der Sicht der Menschen die Verblendung, aus der sie ihre Taten vollbringen.
122	Byssos ist eine feine Art Leinwand, die wahrscheinlich aus Indien eingeführt wurde.
138	Um was für ein Gebäude es sich hier handelt, ist umstritten; vermutlich ist es ein Rathaus, in dem man Sitzungen abhält.
143	Ahnherr des Geschlechts ist der mythische Held Perseus, Zeus' Sohn, von dem die Perser ihre Herkunft ableiten. Sein Sohn Perses gilt als Stammvater der Perserkönige.
144 ff.	Vgl. die Erläuterungen zu Vers 83 f.

147 ff.	Atossa, die Mutter des Xerxes und Gattin des Dareios, Kyros' Tochter, erscheint hier in vollem Ornat und auf dem Wagen fahrend (vgl. 603 f.) in der Orchestra. Aischylos erwähnt ihren Namen an keiner Stelle des Werkes.
149	Es war Sitte bei den Persern, sich bei der Begrüßung der Königsfamilie in der sogenannten Proskynese auf den Boden zu werfen. Aischylos erreicht hier ein äußerst wirksames Bühnenbild.
152 ff.	Epeisodion = griechische Bezeichnung für den Dialogteil zwischen zwei Chorliedern (hier: V. 152–527).
154	Die Perserkönige genossen göttliche Verehrung.
165 f.	Als „Auge" wird von den Griechen etwas besonders Kostbares, Edles bezeichnet. Genauso wie Orest in den Choephoren 934 wird hier Xerxes „Auge des Hauses" genannt.
174	Die Iaonen, die Ionier, an sich nur die asiatischen Griechen, stehen hier für alle Griechen.
185	Barbarenreich ist hier gleich Perserreich. Als Barbaren bezeichneten die Griechen alle Nichtgriechen.
202	Phoibos ist eine andere Bezeichnung für den Gott Apollon. Der Adler war ein Symbol für alle Könige, gleichzeitig aber auch Emblem der persischen Herrscher.
235	Der Chorführer spielt hier wohl auf die Silberbergwerke von Laurion in der Nähe Athens an.
241	Gemeint ist die Niederlage der Perser bei Marathon 490 v. Chr.
246 ff.	Der Bote hat in der griechischen Tragödie eine wichtige Funktion, denn Unglücksfälle, Mord, Krieg, alle blutigen Szenen werden im griechischen Theater nicht dargestellt, sondern erzählt. Hierin liegt die feste Aufgabe des Boten.
253 ff.	Kommos = Sonderlied der Tragödie, ein Klagegesang, gesungen von einem oder mehreren Darstellern alternierend mit dem Chor. Der Kommos ist in das 1. Epeisodion eingeflochten (hier: V. 253–284).
261 f.	Aischylos selbst war Mitkämpfer in der Schlacht bei Salamis. Indem er betont, daß der Bote Augenzeuge der Schlacht war, will er wohl auf die Authentizität des Botenberichtes hinweisen.
268	Salamis ist eine Insel vor der attischen Küste.
285 ff.	Das tragische Stillschweigen begegnet uns noch bei weiteren Gestalten in Aischyleischen Tragödien (Niobe, Achill, Kassandra). Aristophanes verspottet es in „Die Frösche" 832 f., 911 f.
297 ff.	Der Katalog der Gefallenen korrespondiert mit dem Katalog in der Parodos. 6 Namen sind dieselben.
298	Vermutlich ist hiermit das lange, felsige Vorgebirge von Salamis gemeint.
302	Mit „des Aias Insel" ist Salamis gemeint. Sie war nach der Sage zur Zeit des Trojakrieges Besitz des mythischen Helden Aias, der nach Achill der bedeutendste Kämpfer der Griechen vor Troja war. – Das griechische Heer soll vor der Schlacht von Salamis um seine Hilfe gefleht haben.
340	Dämon heißt im allgemeinen die Gottheit, wenn sie Unglück bringt. Es braucht nicht ein untergeordneter bösartiger Dämon im heutigen Sinne zu sein.
342	Der Göttin Pallas Stadt ist Athen. Pallas Athene war die Schutzgöttin Athens.
350 ff.	Dieser Grieche hieß Sikinos und handelte im Auftrage des Themistokles, des athenischen Feldherrn, der diese List ersonnen hatte (vgl. Herodot VIII, 75). Aischylos nennt bei den Griechen keine Namen.

358	Der Neid der Götter ist eine echt griechische Vorstellung. Er wendet sich gegen alle, die das dem Menschen gesetzte Maß überschreiten.
382 f.	Nach griechischer Vorstellung fuhr die Sonne, der Gott Helios, täglich in einem Lichtgespann über den Himmel von Osten nach Westen.
389	Die Griechen stimmen den Päan an, den feierlichen Siegesgesang.
403 ff.	Die mit Kupfer beschlagenen Schiffsschnäbel wurden zum Rammen benutzt.
442 ff.	Die Erstürmung der Insel Psyttaleia (es ist immer noch nicht geklärt, um welches Eiland es sich hier handelte) war vornehmlich das Werk des Aristeides (vgl. Herodot VIII, 76, 95). Obwohl der konservative Aristeides dem Aischylos politisch sehr nahestand, verzichtete Aischylos auch hier auf eine Nennung des Namens.
444	Pan ist ein griechischer Hirtengott, von halb menschlicher, halb tierischer Gestalt (Bocksbeine, -hörner, -ohren und -gesicht).
479 ff.	Xerxes erreichte schon nach 45 Tagen mit seinem Heer den Hellespont (Herodot VIII, 115).
493	Der Strymon ist ein Fluß in Thrakien.
528 ff.	Stasimon = Standlied des Chores (hier: V. 528–593).
566	Mit „Küsten Kychreias" sind die Küsten von Salamis gemeint. Der Heros Kychreus ist der Sage nach auf Salamis begraben. Er soll während der Schlacht den Athenern in Gestalt einer Schlange erschienen sein.
591	Vgl. Erläuterungen zu V. 302.
603	Aus diesem Vers wird ersichtlich, daß Atossa im Wagen in die Orchestra eingefahren ist.
603 ff.	Der Ritus beim Totenopfer und die Opfergaben entsprechen dem üblichen griechischen Brauch (vgl. z. B. Homer, Odyssee K 519). Aischylos überträgt die Vorstellungen auf die Perser.
615 ff.	Die Vorstellung, daß man Tote aus der Unterwelt durch Gebet und Opfer heraufrufen und um Auskünfte bitten kann, ist vielen Religionen und Völkern gemeinsam.
625 ff.	Die Anrufung dreier Gottheiten ist in Griechenland üblich. – Die Aufgabe des Gottes Hermes ist es, die Seelen (Schatten) der Toten in die Unterwelt zu geleiten. – König der Verstorbenen ist der Gott Hades, der Herrscher in der Unterwelt.
629 ff.	Beschwörungslied des Chores (Stasimon, hier: V. 629–668).
645 f.	Aidoneus = Hades (vgl. Erläuterungen zu V. 625 ff.).
648 f.	Die Schlacht bei Marathon und der Skythenfeldzug, wo Dareios jeweils Niederlagen einstecken mußte, bleiben wiederum unerwähnt.
653	„Bal" = semitisches Wort für Gott.
655 f.	Die safranfarbene Sandale und die Königstiara sind Kennzeichen des persischen Herrschers, sind königliche Attribute.
660	Styx heißt der Fluß, der die Unterwelt neunmal umfließt und sie zusammenhält. Er ist für Götter und Menschen ein besonderer Ort des Schreckens und des Grauens.
679	Dareios ist auch in der Unterwelt ein mächtiger Mann wie Achill bei Homer (X 483 ff.). – Hades hier = Unterwelt. Das Wort „Hades" kann für den Gott (vgl. Erläuterungen zu 625 ff.) wie für die Unterwelt stehen.
682–684	Der Chor singt diese Verse (ebenso V. 688–690).
705	Dareios hatte von Atossa vier Söhne (vgl. Herodot VII, 2).
711	Mit Bosporus ist hier der Hellespont gemeint (vgl. V. 734).
738	Poseidon, der Gott des Meeres, ist ein Bruder des Zeus.

753	Ein König Medos ist historisch nicht belegt. Es ist so gut wie sicher, daß Medos als erster König der Meder (Perser) erfunden wurde wie der Ahnherr Boitos für die Boioter, Ion für die Ionier. Manche Forscher wollen in ihm den persischen König Astyages erkennen.
754	Den Namen des zweiten Königs scheint Aischylos selbst nicht zu kennen. Hält man Medos für Astyages, so müßte es sich um Kyaxares handeln (vgl. Xenophon Kyr. I 5, 2).
756	Kyros II., der Große, starb im Jahre 529 v. Chr. Er begründete das persische Großreich.
761	Kyros' Sohn war Kambyses. Er herrschte 529–522. 525 unterwarf er Ägypten und Libyen.
762	Nach Kambyses herrschte ein Magier. Aischylos nennt ihn Mardos, es sind aber auch noch verschiedene andere Namen überliefert.
764	Artaphernes, ein Neffe des Dareios, führte 490 v. Chr. mit Datis Heer und Flotte gegen Athen.
767 ff.	Hier spielt Dareios versteckt auf seine Niederlage bei Marathon an.
770 ff.	Die Darstellung ist historisch nicht richtig, denn Dareios selbst hatte schon einen 2. Feldzug gegen Griechenland vorbereitet, nur der Tod hinderte ihn an der Ausführung, die dann Xerxes übernahm.
790 ff.	Xerxes hatte ein Heer unter Mardonius in Griechenland (Thessalien) zurückgelassen. Dieses Heer zerstörte 479 Athen vollständig, wurde aber wenig später bei Platää in Boiotien vom griechischen Heer unter dem Spartanerkönig Pausanias entscheidend geschlagen.
792	Der Äsopos ist ein Fluß in Boiotien.
849 ff.	Der Halys galt als natürliche, gottgegebene Grenze zwischen Medien und Lydien.
852 ff.	Die geographische Aufzählung mußte in den griechischen Zuhörern Triumphgefühle erwecken; denn nun hatten sie sich fast alle diese Orte schon zurückerobert.
854	Thrake = Thrakien.
860	Pontos hieß das heutige Schwarze Meer.
882 ff.	Exodos = Auszugslied des Chores, hier V. 882–1040 (vgl. unter Parodos). Ab 882 wurde alles gesungen.
910	Die Mariandyner sind ein Volksstamm in Bithynien.
919 ff.	„Der ionische Ares, mit Schiffen bewehrt", ein dichterischer Ausdruck für die Seestreitkäfte der Athener. Ares ist der Gott des Krieges.
926 ff.	Die Aufzählung der Gefallenen korrespondiert mit dem Katalog innerhalb der Parodos beim Auszug des Heeres und dem Katalog innerhalb des Botenberichts (296 ff.). Viele Namen sind dieselben.
975	Ate (vgl. Erläuterungen zu V. 95).
1018	Ein antiker Erklärer schrieb an dieser Stelle an den Rand des Textes: „Die Myser und die Phryger sind nämlich besonders heftig in ihrem Klagegeschrei."

Gang der Handlung

Seit Ulrich von Wilamowitz 1897 den Aufbau der Perser einer scharfen Kritik unterzog (Hermes 32, 1897, 382 ff.; später wieder abgedruckt in Aischylos-Interpretationen, S. 42 ff.), hat man sich in der Literatur immer wieder mit dieser

Frage auseinandergesetzt. Wilamowitz sprach dem Werk „jede Einheit der Handlung" (Aischylos-Interpretationen, S. 48) ab. Er sah in ihm drei selbständige Akte, die nur durch „äußerliche Mittel" (S. 46) miteinander verbunden seien: „... die Verknüpfung ist nicht nur lose, sondern unzureichend" (S. 42). Vor allem rügte er, daß Aischylos Handlungsmotive eingeführt habe, die im weiteren Verlauf der Tragödie nicht zum Tragen kommen. So kritisierte er: Der Chorführer fordert 140 ff. den Chor zu einer Ratssitzung auf. Diese Sitzung findet aber im folgenden nicht statt, ja, es gebe überhaupt keinen Stoff für eine „wirkliche Debatte" des Chors zu diesem Zeitpunkt. – Auch das Opfermotiv – nach Wilamowitz' Meinung von Aischylos als Verbindung für die Akte 1 und 2 gedacht – werde im folgenden nicht weitergeführt. Zunächst habe durch das Opfer das drohende Unheil abgewendet werden sollen, später werde es aber zu einem ganz anderen Zweck benutzt: zur Motivation für die Dareios-Epiphanie. – Für ebensowenig geschickt hält Wilamowitz den Übergang zwischen den von ihm angenommenen Akten 2 und 3. Er bemängelt hier besonders die unklare Lokalisierung des Geschehens: Wo trifft der Chor den Xerxes? Auch vor dem Grabbau, vor dem der 2. Akt schon spielte? Dies sei gänzlich unmöglich.

Eine überzeugende Widerlegung der Wilamowitzschen Kritik gelang erst 1941 K. Deichgräber (Nachrichten der Akademie der Wissenschaften in Göttingen, Phil.-Hist. Kl., 1941, S. 155 ff.). Er wies die innere Konsequenz im Aufbau der Perser nach; er konnte zeigen, wie sich das Geschehen in einem gewaltigen Spannungsbogen von ahnungsschwerem Bangen zu Beginn des Werkes über immer größere Furcht bis zur Gewißheit der Katastrophe und schließlich zu asiatisch-wilder Klage steigert. Jede Szene habe ihren festen, begründeten Platz im Ganzen und könne nicht aus dem Zusammenhang gelöst werden. Auch die logische Verknüpfung der Szenen sei konsequent und überzeugend.

Im folgenden sollen nun die Strukturen der Handlung anhand einer Beschreibung der Vorgänge klargelegt werden, wobei ich die Erkenntnisse Deichgräbers gebührend berücksichtigen werde.

Parodos des Chores (V. 1–151)

Das Werk beginnt mit dem Einzug des Chores. Bevor der Chor sein Einzugslied anstimmt, ergreift der Chorführer das Wort. Er stellt den Chor als eine Versammlung persischer Ratsherren vor und schildert kurz die Situation. Den Hauptteil seiner Rede nimmt ein Katalog ein, in dem er in typisch archaischer Aneinanderreihung von großartig klingenden persischen Namen – Vorbild ist hier sicherlich der Schiffskatalog der Ilias – den gewaltigen Heerzug der Perser beschreibt. Die unermeßliche Anzahl von Führern und Kriegern und die Furchtbarkeit des Anblicks werden immer wieder hervorgehoben. Unüberwindlich scheint das Heer zu sein.

Dem Dichter gelingt es aber gleichzeitig, während dieser Aufzählung beim Zuschauer ein starkes Gefühl der Beklemmung, der Sorge um diese Menschenmassen hervorzurufen, indem er den Katalog in Äußerungen schlimmer Ahnung und Furcht einbettet, so daß der Hörer die ganze Aufzählung unter diesem Eindruck aufnehmen muß. Diese Ahnungen erscheinen zunächst völlig unbegründet; denn die Begründung, die der Dichter selbst gibt (V. 11 f.), überrascht und überzeugt zunächst nicht: „Ganz Asiens jugendlich strotzende Kraft zog fort in den Kampf" (Die begründende Partikel γὰρ ist leider in der Übersetzung fortgelassen.) Müßte man bei so viel Kriegskraft nicht gerade zuversichtlich sein? – Erst der nächste Satz scheint den wirklichen Grund für die Angst und Sorge anzugeben: Noch kein Bote ist eingetroffen. – Es wird sich aber später zeigen, daß für Aischylos im Übermaß des Aufwandes für den Feldzug mit ein entscheidender Grund für die vernichtende Niederlage liegt, daß er also ganz bewußt den Chorführer so sprechen läßt.

Auch viele Formulierungen innerhalb des Katalogs erhalten durch die Umrahmung, wie Deichgräber richtig gezeigt hat (S. 168), einen doppelten Sinn. So schwingt z. B. in dem griechischen Wort für „zog fort" (ᾤχωκε, V. 12) die Bedeutung mit „ging zugrunde". Ebenso doppeldeutig sind die Worte „Ein Schrecken erregender Anblick" (V. 48, ähnlich 27), wie formelhaft sie auch sonst angewendet werden mögen; denn es wird hier deutlich, daß dieser Anblick auch den Greisen Angst einflößt wegen der Gefahren, die in einem so großen Unternehmen enthalten sind, und nicht nur den Feinden. –

Alle diese Andeutungen und Ahnungen scheinen hier aber noch grundlos zu sein; sie erwecken nur ein Gefühl der Unsicherheit, der Sorge, ohne daß irgendwelche Beweise für ein Unglück vorliegen.

Das folgende Chorlied nimmt zunächst in den ersten Strophen die düstere Stimmung nicht auf, vielmehr schildert es den Zug des Heeres und preist seine unwiderstehliche Kraft, vor allem aber hebt es Xerxes als den unbezwinglichen, gottgleichen Herrscher hervor. Mit Vers 91 ff. aber erfolgt der Umschwung in den bedeutungsschweren Worten:

Sinnt auf Trug aber die Gottheit,
Welcher Mensch kann ihr entgehen?

Die Gottheit selbst kann eingreifen und mit Hilfe der Ate, der Verblendung (V. 95), den Menschen in ihr verderbliches Netz locken.

Mit dieser Strophe, stark hervorgehoben, wird ein neuer, stärkerer Rückfall in die Angst und Furcht des Beginns eingeleitet. Der Chor bricht in Wehrufe, in Klagen aus, als sei die Niederlage tatsächlich eingetreten. Er nimmt visionsartig schon vorweg, was am Ende des Werkes wirklich eintreten wird. Meisterhaft gelingt es Aischylos so, Angst und Furcht zu erregen, ohne daß bisher sichtbare Zeichen für eine Katastrophe vorhanden sind.

Aischylos wendet hier ein ähnliches Stilmittel an wie zu Beginn in den Worten des Chorführers. Wie er dort den Katalog durch die Umrahmung mit schlimmen Ahnungen in ein Licht der Sorge tauchte, wird hier das Preislied auf die Macht der Perser und ihren unüberwindlichen Herrscher durch das Folgende in Frage gestellt. Aus diesem Blickwinkel wirkt es beängstigend, wirkt überheblich, herausfordernd. Die Gottheit wird gewissermaßen aufgefordert, ihre Macht zu zeigen, die frevelhafte Überhebung dieser Menschen zu beenden. So etwa mußte die Wirkung damals auf die griechischen Zuschauer gewesen sein, da sie ja den Ausgang der Kriege aus eigener Anschauung genauestens kannten.

Zieht man zur Betrachtung der ersten Strophen noch die spätere Entwicklung im Drama mit heran, so erkennt man, daß all das, was hier über die Perser und ihren König scheinbar positiv geäußert wird, später – vor allem in der Dareiosszene – negativ gedeutet wird: Gerade darin lagen die Gründe für den Untergang der Perser. Zu nennen sind hier: die Überbrückung des Hellespont, der Einmarsch in einen fremden Erdteil, die Bezeichnung des Xerxes als „ungestüm" (V. 72; hier zum erstenmal), die Benutzung von Schiffen, die Größe des gesamten Unternehmens. Nimmt man nun noch die Worte des Chores über die List der Götter und die Rolle der Ate hinzu, so wird deutlich, daß Aischylos hier in diesem Chorlied sämtliche Motive, die das Werk tragen und für die Deutung des Geschehens notwendig sind, kaleidoskopartig zusammenstellt, aber noch gänzlich darauf verzichtet, sie schon für eine Deutung zu verwenden. Es genügt demnach nicht, nur die Worte des Chorführers als Exposition aufzufassen – sie geben gewiß eine ausreichende Exposition für die äußere Handlung –, vielmehr muß man das Chorlied mithinzuziehen. Es stellt gewissermaßen die „innere Exposition" des Werkes dar.

Der Chorführer beschließt die erste Szene mit der von Wilamowitz kritisierten Aufforderung, sich zur Beratung „auf den Stufen des Baues" niederzulassen. Darauf soll aber erst später eingegangen werden.

Epeisodion I (V. 152–527)

Traumerzählung Atossas (V. 152–242)

War in der ersten Szene das Geschehen nur durch Ahnung und Furcht bestimmt, die aus dem Inneren der einzelnen Personen drangen, so zeigen sich nun erste äußere Zeichen für eine Katastrophe: Atossa, die Königinmutter, hat, wie sie dem Chor berichtet, im Traum Xerxes vom Wagen stürzen sehen, und als sie – durch dieses Zeichen erschreckt – den Göttern Opfergaben darbringen wollte, sei noch ein zweites unheilverkündendes Zeichen hinzugekommen: Ein Adler habe sich scheu geduckt und von einem Habicht den Kopf zerraufen lassen, ohne sich zu wehren. Beide Zeichen sind so durchsichtig, daß sie eines Deuters nicht bedürfen.

An einer Stelle des Traumberichts (V. 194 ff.) können wir Aischylos' Technik, spätere Szenen vorzubereiten, deutlich nachvollziehen. Hier legt er die Grundlagen für die Dareiosszene, die einzige Szene, die den Steigerungsbogen von bloßer Ahnung zur Gewißheit der Katastrophe, den wir als konstituierend für den inneren Aufbau des Werkes erkannt haben, unterbricht. Sie – die Zentralszene des Werkes – bringt eine gewisse Retardation in der Spannung, erhält aber ihre große Bedeutung dadurch, daß Aischylos in ihr seine Deutung des Geschehens gibt. Sie ist demnach von der inneren Notwendigkeit her für ihre Einführung in das Werk völlig legitimiert, trotzdem bemüht sich aber Aischylos hier in der Traumszene, sie auch dramentechnisch von der äußeren Handlung her vorzubereiten. Er führt hier die Gestalt des Dareios, des alten Herrschers, in die Handlung ein, ohne daß das äußere Geschehen auf der Bühne es unbedingt verlangt hätte: Dareios erscheint im Traum, als Xerxes stürzt; Xerxes zerreißt daraufhin sein Gewand. –

Im weiteren Verlauf der Szene knüpft der Chorführer genau an diese Stelle an: Da sie, Atossa, Dareios im Traum gesehen hat, soll sie opfern und zu ihm beten, daß er ihr und ihrem Sohne Gutes ,,aus der Tiefe send' ans Licht'' (V. 219). Diese Stelle kann nur zum Zwecke der äußeren Vorbereitung der Dareiosszene von Aischylos eingeführt worden sein. Obwohl Wilamowitz (S. 45 f.) dies richtig erkannt hat, kann ich mich seiner Kritik an der ,,äußerlichen'' Verknüpfung nicht anschließen; denn wir begegnen hier wieder der Technik des Aischylos, ein Motiv zunächst nur anzudeuten, es dann weiter auszuführen, um es schließlich in seiner ganzen Bedeutung auszuschöpfen. Wie großartig ist es ihm hier aber gelungen, das Motiv einzuführen: Als Xerxes im Traum seinen Vater sieht, zerreißt er aus Scham sein Gewand (195 f.). In diesem Bild wird in knappster Form die ganze Dareiosszene vorweggenommen in ihrem Gegensatz zwischen altem und jungem Herrscher, zwischen altem und neuem persischen Nomos![1]

In der Traumerzählung Atossas wird ein weiteres Motiv, das wir im Chorlied schon angedeutet fanden, weiter ausgeführt: das Hinausgreifen des Xerxes über Europa. Die Griechin und die Perserin, die den Wagen des Xerxes ziehen, sind ,,Schwestern des gleichen Stammes''. Persien und Griechenland sind verwandt, beide stammen von dem Ahnherrn Perseus ab, wie die Sage erzählt. Der einen ist Griechenland von den Göttern zugeteilt, der anderen Persien. Xerxes versucht demnach hier, dieser gottgewollten Ordnung zuwiderzuhandeln, sie zu zerstören. – Dieser Schluß wird hier aber noch nicht gezogen, sondern nur angedeutet. Er bleibt der Dareiosszene vorbehalten.

---

[1] Auf Wilamowitz' Hauptkritik an dieser Verknüpfung gehe ich erst auf S. 28 und 31 ein.

Mit der Zustimmung Atossas, den Göttern zu opfern, wie es der Chor wünschte, könnte die Szene an sich abgeschlossen sein; sie nimmt aber einen überraschenden Verlauf, denn Atossa erkundigt sich sehr unvermittelt – die Wendung ist überhaupt nicht vorbereitet – nach der Stadt Athen.[2] Diese kurze Stichomythie, die die Szene abschließt, führt von einigen Informationen über Athen (Silberbergwerke von Laurion) zu dem wohl schönsten Denkmal, das der jungen griechischen Demokratie in der Literatur gesetzt wurde: Atossa fragt nach dem griechischen Herrscher, als Perserin selbstverständlich voraussetzend, daß die Griechen einem Gebieter gehorchen müssen. Sie erhält aber die Antwort: „Keines Mannes Sklaven sind sie und auch keinem untertan." (239) Und trotzdem haben sie, wie der Chorführer in Anspielung auf die Schlacht bei Marathon hervorhebt, schon damals des Dareios gewaltiges Heer vernichtet.

Aber steht dieser Szenenschluß wirklich so isoliert im Zusammenhang, wie es zunächst scheint? Schon Deichgräber (S. 175) stellte fest, daß Aischylos hier „die besondere Form der hellenischen Staatsordnung in Erscheinung treten" läßt, um zur nächsten Szene, dem Botenbericht über die Schlacht bei Salamis, überzuleiten. Er hat aber eine zweite wichtige Funktion dieser Stichomythie übersehen: Das gesamte Epeisodion begann mit einem äußerst prunkvollen Auftritt, der auf das damalige Publikum sicherlich seinen Eindruck nicht verfehlte. Die Königin kam in vollem Ornat stolz zu Wagen mit prächtigem Gefolge in die Orchestra eingefahren. Der Chor warf sich ihr zu Füßen und berührte in der sogenannten Proskynese den Boden mit der Stirn – eine Ehrung, die nach griechischer Anschauung nur einem Gott zukommen durfte. Diese Szene zeigt deutlich den persischen Nomos, ja, die ganze persische Auffassung vom Menschen. Sie spiegelt sich auch wider in der unterwürfigen Anrede des Chors an die Königin (152 ff.). Der Schluß nun zeigt dagegen den griechischen Nomos, die griechische Auffassung vom Menschen.

Anfang und Schluß dieser Szene stehen in Wechselbeziehung zueinander. Sie bilden zusammen den Rahmen der gesamten Szene, geben ein scharfes Bild der beiden Mächte, die sich hier bekriegen, der attischen Demokratie und der persischen Despotie.[3] Durch diese Konfrontation ist auch die folgende Szene hervorragend vorbereitet, denn der Gegensatz beider Völker beherrscht den ganzen folgenden Botenbericht.

Es ehrt Aischylos, daß er – als Grieche – das persische Verhältnis von Herrscher und Untertan nicht polemisch darstellt. Atossa behandelt die Greise zuvor-

---

[2] Es überrascht, daß Wilamowitz nicht hier mit seiner Kritik einsetzte.
[3] Sie stellen aber nur gegenüber, bringen noch keine Wertung, ziehen noch kein Fazit; ja, hier stellt sich sogar, wie Deichgräber richtig äußerte (S. 175 f.), noch einmal ein kleiner Hoffnungsschimmer für den Ausgang des Krieges ein. Eine Stütze erhält diese Auffassung auch dadurch, daß der Chor die Nachricht des Boten von der Niederlage als unerwartet bezeichnet (V. 253).

kommend, nennt sie „Freunde" (V. 159) und bemüht sich um ihren Rat. Aber auch die Greise sind ihr gegenüber nicht ängstlich und scheu, sondern offen und höflich, voller Ehrerbietung. Atossa verdient es aber auch. Sie ist wirklich die große Herrscherin, in jeder Äußerung, und trotzdem ist sie ganz Mensch, besonders ganz Mutter (vgl. 209 ff.). Die Ehrerbietung ihr gegenüber erscheint deshalb ganz selbstverständlich und richtig. Beide Lebensformen werden so noch einmal miteinander konfrontiert, bevor nun im nächsten Abschnitt – vom äußeren Geschehen her der Hauptteil des gesamten Werkes – der Zusammenprall beider Mächte geschildert wird.

BOTENBERICHT (243–527)

Im Botenbericht wird nun die Katastrophe zur Gewißheit: Was zunächst nur geahnt wurde, was sich dann durch Zeichen ankündigte, ist nun in Erfüllung gegangen. Ein inhaltlicher Höhepunkt ist damit erreicht, die Entwicklungslinie aber noch keineswegs abgeschlossen.

Der Bote gibt sofort in einem knappen Vorspruch, immer wieder in Wehgeschrei ausbrechend, den ganzen Umfang der Niederlage bekannt. Es folgt ein Klagelied im Wechselgesang zwischen Chor und Bote, das immer neue Varianten des Jammers anführt. Da die Musik nicht erhalten ist, können wir uns die Wirkung solcher Chorlieder nur schwer vorstellen; denn sie beruhte vor allem auf der Musik. Es tauchen in dem Klagegesang wiederholt die Wehrufe „Salamis" und „Athen" auf, die Stätten der persischen Niederlage.

Atossa verharrt währenddessen in Schweigen, vom Schreck gelähmt[4], wie sie selbst Vers 285 f. sagt. Sie schlägt in ihrem ersten Ausspruch sogleich ein Thema an, das von nun an den ganzen Botenbericht beherrscht: Ein Gott hat die ganze Schmach über Persien verhängt. Dieses Motiv klingt hier nur an, erinnert nur an das, was Vers 91 ff. vom Chor über den Trug des Gottes gesagt wurde. Von dem katalogartigen Bericht an aber, den der Bote über die Todesart der einzelnen Heerführer gibt, steht das Motiv dann ganz im Mittelpunkt.

Dieser Katalog korrespondiert deutlich mit dem Katalog in der ersten Szene. Während dort die stolze Heerschar der Perser mit ihren unbesiegbaren Führern aufgeführt wurde, wird hier – oft in recht drastischer Weise – über die Todesart vieler Führer berichtet. Die Nichtigkeit menschlicher Macht gegenüber Gott spiegelt sich in den Worten des Boten wider.

Die Einleitung des Katalogs gibt ein schönes Beispiel psychologischen Einfühlungsvermögens des Aischylos. Er, der häufig sehr wenig auf psychologische Feinheiten achtet, läßt hier Atossa nur fragen, welche Fürsten am Leben blieben;

---

[4] Vgl. S. 18 (Wort- u. Sachkommentar zu V. 285 ff.)

ihre Frage zielt natürlich auf Xerxes. Aber bei soviel Leid für ganz Persien fällt es Atossa schwer, ihr persönliches Anliegen so in den Vordergrund zu stellen. Der Bote erkennt jedoch sofort die Zielrichtung ihrer Frage und gibt die gewünschte Antwort. Erst dann geht er im Katalog auf den wortgetreuen Inhalt ihrer Frage ein. Nach dem Katalog nimmt der Bote das Motiv der Mithilfe Gottes an dem Unglück auf. Gelegenheit dazu gibt ihm Atossas Frage nach der Stärke der beiden Flotten. Schiffe hätten die Perser viel mehr gehabt, aber den Griechen half ein Dämon, ist seine Antwort. Und gleich anschließend 342: Der Göttin Pallas Stadt steht in der Götter Schutz. Betont am Ende der Antwort des Boten steht dieser Vers. In der griechischen Verssprache wird die Betonung noch deutlicher: Der Vers wird durch die zweimalige Nennung des Wortes „Gott" eingerahmt. – Seinen großen Schlachtbericht beginnt der Bote wieder mit der Erwähnung des Dämons (348): Anstifter allen Leids war . . . ein böser Dämon. Ähnlich Vers 358 und 369. Auch im abschließenden Teil des Botenberichts, in dem über den Rückmarsch des Heeres berichtet wird, werden erneut die Götter als Unheilsbringer dargestellt. Beim Übergang über den Fluß Strymon stellen die Götter dem Xerxes eine Falle. Sie lassen den Fluß über Nacht gefrieren, beim Betreten aber läßt der Gott Helios durch seine Sonnenstrahlen das Eis schmelzen, und ein großer Teil der ermatteten Soldaten geht zugrunde.

Die Götter halfen demnach den Griechen und griffen selbst ein, um die Perser zu vernichten. Sofort stellt sich hier dem Zuhörer die Frage, warum dies wohl so war. Der Text selbst gibt hier keine Antwort, er konstatiert nur die Tatsache. Soll etwa Xerxes dadurch entlastet werden? Soll er von der Schuld an der Niederlage befreit werden? Vers 469 ff. in den Worten Atossas nach dem großen Schlachtbericht liegt der Gedanke nahe; denn sie erwähnt Xerxes und den Dämon nebeneinander. Aber Aischylos läßt hier noch die Frage völlig außer acht: Das Motiv vom Eingreifen der Götter wird ausgeweitet, durchgeführt, aber noch weitgehend von einer Deutung freigehalten.

Der große Bericht über die Schlacht bei Salamis muß auf die Griechen damals einen gewaltigen Eindruck gemacht haben, denn 8 Jahre nach dem Ereignis war für sie alles noch unmittelbare Gegenwart. Xerxes lebte noch in Persien, und viele von ihnen – wie auch Aischylos selbst – hatten ja mitgekämpft, hatten alles miterlebt. Die ganze Szene selbst war ein Denkmal ihrer Taten. Sachkundig hörten sie gewiß der Schilderung zu und waren sicherlich noch immer erschüttert und erstaunt, daß sie gegen eine solche Übermacht gewinnen konnten.

Der eigentliche Botenbericht – zählt man den anfänglichen Klagegesang des Chores mit dem Boten nicht dazu (V. 253–284) – vollzieht sich in 4 Abschnitten, die jeweils durch kürzere Äußerungen Atossas und des Boten unterbrochen sind.

Nach dem Katalog der Gefallenen folgt die eigentliche Schilderung der Schlacht bei Salamis mit ihren Vorbereitungen, dann wird von dem Blutbad auf dem Eiland Psyttaleia durch Aristeides berichtet, wobei die Blüte des persischen Heeres niedergemacht wurde. Den Abschluß bildet die Erzählung von den Strapazen des Heimmarsches, bei dem wiederum ein großer Teil der Soldaten sein Ende fand. Höhepunkt des letzten Abschnittes ist der Bericht vom Übergang über den Strymon, in dem die Feindseligkeit der Götter gegenüber den Persern noch einmal ganz deutlich wird.

Bezeichnend für die dramatische Technik des Aischylos ist der Schluß der Szene bzw. die Überleitung zur nächsten Szene, zum Chorlied, nachdem der Bote schon die Bühne verlassen hat. Aischylos versucht hier, die beiden letzten Szenen, Traumerzählung und Botenbericht, auch äußerlich zu verklammern und gleichzeitig die Dareiosszene vorzubereiten. Atossa erinnert hier an ihre Traumgesichte und an die Deutung des Chores. Sie stellt fest, daß die Deutung falsch war (V. 516); trotzdem wolle sie dem Rat der Greise folgen, den Göttern zu opfern. Wilamowitz' Kritik scheint mir hier völlig unberechtigt zu sein. Zwar hat er recht, wenn er feststellt, daß dies Opfer zunächst dazu dienen sollte, das Unheil abzuwenden, jetzt aber diese Funktion verloren hat, da ja das Unheil schon eingetreten ist. Aber Aischylos ist sich ja dessen völlig bewußt, wenn er Atossa sagen läßt: „Ich weiß: Geschehenes ist zu ändern nicht damit, doch für die Zukunft wird es nützen uns vielleicht" (521 f.). Liegt deswegen, wie Wilamowitz behauptet, tatsächlich ein Bruch in der Motivation vor? Ist es wirklich so unwahrscheinlich, daß ein gläubiger Mensch sich zuerst an Gott wendet, damit er ein befürchtetes Unheil von ihm abwende, und dann, wenn das Unheil trotzdem eingetreten ist, wiederum zu ihm betet, in der Hoffnung, daß ihm in Zukunft nicht noch einmal Gleiches widerfahren möge? Ich meine, jeder wirklich gläubige Mensch würde so handeln; denn was wäre die Alternative? Sollte derjenige jetzt Gott grollen, sich gänzlich von ihm abwenden, weil er es zugelassen hat, daß ihn ein Unglück traf? – Die Motivation ist hier äußerst geschickt: Es gelingt Aischylos, die drei Szenen, deren innere Notwendigkeit auf der Hand liegt, auch äußerlich überzeugend miteinander zu verbinden.

Noch in einem anderen Sinne ist die Überleitung zur nächsten Szene höchst bedeutsam. Wie schon festgestellt wurde, ist der ganze Botenbericht von dem Motiv durchzogen: Die Götter haben die Perser vernichtet. Bisher war aber immer nur von einem bösen Dämon die Rede, der das Unheil gebracht hat (vgl. 340, 349, 469). Noch Vers 511, gewissermaßen programmatisch abschließend, spricht der Chorführer den Dämon direkt an. Ansonsten ist nur – oft recht formelhaft – von „einem Gott" oder „den Göttern" die Rede (vgl. 510, 492, 451, 369, 358, 342). Man kann hier noch immer versucht sein, irgendwelche untergeordnete Götter, böse Dämonen, für das Unheil verantwortlich zu machen. In der Überleitung zum Chorlied aber (V. 528 ff.) wird die Wahrheit hart ausgesprochen: Zeus selbst hat das Heer der Perser vertilgt. Es gibt kein Entrinnen, kein Ausweichen. Die Gottheit insgesamt stellt sich gegen die Perser. Umso dringender wird damit die Frage nach den Gründen.

Stasimon I (Vers 528–593)

Der Beginn des Chorliedes steht scheinbar in krassem Gegensatz zu den einleitenden Worten des Chorführers. Während dieser Zeus für den Untergang des persischen Heeres verantwortlich macht, klagt der Chor Xerxes an. Unter dreimaliger Nennung seines Namens gibt er ihm die Schuld an allem Leid. Das Schuldproblem erhält damit seine zweite Dimension: Nicht nur die Götter, auch die Menschen haben Schuld an der Katastrophe. Bisher wurde auf diese Möglichkeit nur angespielt, jetzt plötzlich steht sie gleichberechtigt neben der erstgenannten. Kurz vor Beginn der Dareiosszene ist so die Frage nach den Ursachen der Niederlage in ihrer ganzen Weite aufgeworfen.

Xerxes wird sein Vater Dareios als leuchtendes Beispiel gegenübergestellt, der – wie in Umkehrung der historischen Fakten gesagt wird – niemals eine Niederlage eingesteckt habe. Alte und neue Generation werden verglichen, die Konstellation der nächsten Szene schon vorweggenommen.

Noch ein weiteres Motiv – bisher nur im 1. Chorlied kurz angedeutet – wird nun breit ausgeführt: „Die Schiffe wurden ihr Verderb" (V. 557). Wie in der 1. Strophe des Chorliedes der Name Xerxes, so werden in der Antistrophe dreimal die Schiffe in ihrer verderbenbringenden Rolle hervorgehoben. Xerxes hätte nicht die Schiffe benutzen dürfen; sie brachten den Untergang. Eine Begründung dafür wird nicht gegeben, sieht man von den Andeutungen in der Parodos ab. Man ist zunächst versucht, diese Aussagen rein äußerlich auf die Schlacht von Salamis zu beziehen, auf falsche Taktik des Xerxes; es wird sich aber im folgenden zeigen, daß sich dahinter noch viel Grundsätzlicheres verbirgt.

Strophe und Gegenstrophe 2 erschöpfen sich in Klagen und Wehgeschrei über die Niederlage. Bilder von den Gefallenen und im Wasser Treibenden schließen die Strophen an den Botenbericht an.

Die letzten beiden Strophen beziehen sich konkret auf die damalige politische Situation. Es ist zu befürchten, daß die Völker Asiens sich nun gegen den König erheben werden. Breit wird das zu erwartende Verhalten der einzelnen geschildert. Geschickt läßt Aischylos hier wieder den Gegensatz zwischen griechischem und persischem Nomos aufleuchten: denn er schildert das Verhalten der einzelnen so, daß es in einer Demokratie durchaus positiv gewertet werden müßte (z. B. V. 588 f.: das Volk ist frei von den Fesseln der Rede; V. 584 f.: Nicht in dem Staube mehr liegen werden sie vor dem König; vgl. auch V. 587 f., 590), hier aber im Bereiche der persischen Herrschaft erweist es sich als Zeichen der Auflösung (vgl. dazu S. 47 f.).

Dareiosszene (Vers 594–838)

Die Tragödie war bisher bestimmt durch ein stetes Ansteigen der Spannung: von bloßer schlimmer Ahnung bis zur Gewißheit, von Sorge bis zur Erfüllung des Unheils. Der Zuschauer nahm Anteil, wurde mit hineingezogen in die Sympátheia, in das Mitleiden mit den Personen in der Orchestra. In dieser Szene tritt nun ein Ritardando ein, der Spannungsbogen wird unterbrochen, und ein neues Element schiebt sich in den Vordergrund: der Logos. Er drängt das Pathos in den Hintergrund, kann es aber keineswegs *ver*drängen; denn Dareios, der die Handlung dieser Szene trägt, ist auch ein Sýmpathos, ein Mitleidender; das ganze Unglück ist ja über seine Familie und sein Reich, vor allem über seinen Sohn hereingebrochen. In erster Linie aber ist Dareios hier ein Gott, ein Herrscher in der Unterwelt (V. 679), der das Geschehen deutet und die Zukunft voraussagt kraft seiner übermenschlichen Fähigkeiten: ein „Heros im echt griechischen Sinne"[5].

Der Logos bestimmt die Dareiosszene. Aischylos versucht das Geschehen aus seiner Weltsicht rational zu ergründen. Dieses Bestreben beginnt aber nicht etwa plötzlich und unvorbereitet mit der Dareiosszene, wie Snell (Aischylos und das Handeln im Drama, S. 67 f.) noch meinte, sondern wurde, wie die Analyse der die Handlung tragenden Motive in den vorhergehenden Szenen zeigte, systematisch bis zu diesem Punkt vorbereitet. Bisher waren die Handlungsmotive in das Pathos eingebettet, sie klangen in den Klagen und Berichten über die Niederlage an, wurden immer wieder aufgenommen und weiter ausgeführt, aber noch nicht gedeutet. Sie drängten immer mehr zu einer Deutung hin; besonders eindrucksvoll zeigte es sich zu Beginn des vorhergehenden Stasimons, wo Chorführer und Chor in scheinbarem Gegensatz der Meinungen einmal Zeus, einmal Xerxes zum Schuldigen an der Niederlage der Perser erklären. Aischylos stellt beider Aussagen hart nebeneinander, scheinbar ohne Bezug zueinander. Somit wird die Frage nach der Schuld immer dringlicher.

In der Dareiosszene bleibt das Pathos erhalten, es tritt aber zurück und erfährt erst in der Schlußszene seine höchste Steigerung. Der Spannungsbogen wird also bis zum Schluß des Werkes weitergeführt, die handlungstragenden Motive aber werden in der Schlußszene nicht mehr erwähnt. Aischylos nimmt keinen Bezug mehr auf die Dareiosszene. Die Motive werden in ihr abschließend behandelt.

Die Dareiosszene besteht aus drei Teilen (vgl. Deichgräber S. 183), wobei der erste Teil, die Rede Atossas (Epeisodion II), und der zweite, das Beschwörungslied des Chores (Stasimon II), im wesentlichen zur Vorbereitung des dritten Teils, der Epiphanie des Dareios (Epeisodion III), dienen.

---

[5] Vgl. Deichgräber S. 185.

Epeisodion II (Vers 594–618)

Atossa erscheint in Trauerkleidung mit den Opfergeräten und verkündet nach einem einleitenden gnomenartigen Spruch, der an Hesiod erinnert, sie wolle nun dem Vater ihres Sohnes Spenden bringen. Als Begründung für ihr Handeln führt sie den Zorn der Götter an, der ihr vor Augen stehe (V. 600). Diese Äußerung schließt an Vers 523 f. an, wo sie ihr Vorhaben, den Göttern zu opfern, so begründete: „Ich weiß, Geschehenes ist zu ändern nicht damit, doch für die Zukunft wird es nützen uns vielleicht." Noch deutlicher zeigt sich der Zusammenhang in den Worten des Chorführers, die er als Einleitung zum folgenden Chorlied spricht: „Denn weiß er (d. h. Dareios) ein Mittel, zu wehren dem Leid, er allein, er wird es uns nennen" (V. 627 f.). Alle diese Äußerungen zielen auf die Zukunft; es gilt, das Übel, das sich aus dem Zorn der Götter auf die Perser ergeben hat, für die Zukunft abzuwehren. Wilamowitz' Kritik an Aischylos, daß er „die Absicht des Opfers gewechselt" und sich in der äußeren Motivation in Widersprüche verwickelt habe, ist nicht zu halten, wenn es auch richtig ist, daß Atossa Vers 518 ff. Dareios nicht ausdrücklich nennt, sondern nur von „den lieben Abgeschiedenen" (519) spricht. Nur für den Chor ist es unmißverständlich, daß sie darunter vor allem Dareios verstanden hat; denn er spricht im folgenden Chorlied ganz selbstverständlich von ihm. Es ist ja auch zu naheliegend. Die Konsequenz der Motivation liegt aber vornehmlich darin, daß es Atossa darum geht, für die Zukunft zu sorgen. Und Dareios soll ihr dabei behilflich sein.

Wilamowitz' Äußerung: „Aber während sie vorher nur ,der Erde und den Toten' opfern wollte (548 f.), beschwört sie jetzt allein den Dareios" (S. 45), ist gänzlich irreführend, denn der Chor ruft in seinem Beschwörungslied (636) ausdrücklich die Erde an, sie solle Dareios aufsteigen lassen. – Es ist kein Bruch in der Motivation vorhanden. Wilamowitz' Einteilung in drei selbständige Akte, die nur rein äußerlich und widersprüchlich zusammengefügt seien, ist nicht zu halten.

Stasimon II (Vers 619–669)

Das Chorlied (V. 619–669), ein Beschwörungslied, durch das Dareios aus dem Hades gerufen werden soll, ist durch fremdartige Färbung der Rufe und durch exotische Rhythmen charakterisiert (vgl. Wilamowitz S. 45). Es weist magische Elemente auf. So erzielte es gewiß große Wirkung beim damaligen Zuschauer. Es dient aber noch einem weiteren Zweck: Es enthält starke Züge eines Preisliedes auf Dareios und bereitet so kunstvoll die Epiphanie des Dareios vor. Der Gegensatz zu Xerxes, der über Persien soviel Unglück gebracht hat, ist immer latent vorhanden (vgl. 640 ff., 648 ff., 657). Es endet mit der Frage nach dem Grunde für die Niederlage, der Frage, die im Zentrum der folgenden Szene steht.

Die Epiphanie des Dareios ist wiederum dreiteilig. Der erste Teil (V. 669–690) führt mit anderen Mitteln das Chorlied fort, indem er Dareios im Verhältnis zu seinen Untertanen zeigt, somit auch der Charakterisierung des Dareios dient. Bezeichnend schon die Anrede der Choreuten durch Dareios (V. 669f.): „Ihr meiner Treuen Treueste, aus der Jugendzeit Gefährten mir". Er tritt keineswegs als absoluter Herrscher, als Despot, auf, sondern kommt seinen Untergebenen freundlich entgegen. Ebenso wendet er sich an seine Gattin (692): „. . . getreue Gattin, edle, greise Frau." – Ganz anders das Verhalten des Chors: Er wagt nicht, zu Dareios aufzuschauen, wagt nicht, ihm zu antworten vor übergroßer Scheu und Ehrfurcht, tritt ihm aber andererseits durchaus selbstsicher gegenüber. So nennt er ihn Vers 690 sogar „Freund".

Da der Chor nicht zu antworten wagt, wendet sich Dareios um Auskunft an Atossa. Dieser 2. Teil der Epiphanie gibt – rein inhaltlich gesehen – dem Dareios Auskunft über Art und Ausmaß der Niederlage, für den Dichter dient er aber dazu, noch einmal die wesentlichsten Motive der Handlung, die für die Deutung des Geschehens wichtig sind, zusammenzustellen, bevor in Teil 3 der Epiphanie Dareios dann die eigentlichen Gründe für die Katastrophe darlegt.

Atossa schließt in ihrer Antwort auf Dareios' Aufforderung zunächst noch an die vorhergehende Szene und das Chorlied an (V. 697–702). Auch sie preist Dareios als den glücklichen, göttlichen Herrscher ohne Fehl. Dann leitet sie aber sofort zum aktuellen Thema über (V. 702): „Hin ist deiner Perser Macht." In einer Stichomythie zwischen Dareios und Atossa rollt nun noch einmal das gesamte Kriegsgeschehen in knappster Form vor den Augen der Zuhörer ab: vom Hinmarsch über Salamis bis zum Rückzug. Wesentlich aber sind vor allem die Motive: 706 Xerxes, der Ungestüme; 710, 11: Brücke über den Hellespont; 712f.: „Ein böser Dämon riet ihm . . ."; 716: „Unser Landheer ward vernichtet durch der Flotte Untergang." Alle werden in der folgenden Deutung von Dareios aufgenommen, hier werden sie nur erwähnt bzw. höchstfalls mit kleinen deutenden Hinweisen versehen (vgl. 713, 721).

Die deutende Auseinandersetzung mit dem Geschehen erfolgt in zwei Phasen. Zunächst wendet sich Dareios der Niederlage und ihren Ursachen zu, wobei er – gewissermaßen als Beleg – einen historischen Rückblick auf das Perserreich und seine Herrscher bringt. In der 2. Phase gibt er einen Überblick und eine Deutung künftiger Geschehnisse, dabei sagt er u. a. die Niederlage von Platää schon voraus.

In Dareios' Worten zeigen sich zwei Aspekte von Schuld, die zunächst unvereinbar erscheinen. Schon lange ist durch Orakelsprüche festgelegt, daß das Perserreich zugrunde gehen werde. Damit scheint alle menschliche Schuld ausgeschlossen, da das Geschick den Menschen von den Göttern zudiktiert ist, diese keinen Einfluß darauf nehmen können. Andererseits aber erklärt Dareios den Xerxes für voll verantwortlich für die Niederlage der Perser. Er nennt ihn unbesonnen und verwegen (732), fragt, ob er überhaupt bei Sinnen gewesen sei (738 f.), und spricht von Xerxes' Unverstand. Als Grund führt er an, Xerxes habe sich gegenüber den Göttern frevelhaft verhalten, da er den Bosporus, eines Gottes Strom, durch die Brücke in Fesseln gelegt habe. Er habe versucht, Poseidon zu bezwingen. Durch diesen Frevel seien die Götter herausgefordert worden und hätten das Perserheer vernichtet. In seinem jugendlichen Übermut habe Xerxes verblendet dieses Unglück über sein Vaterland gebracht.

Vermittelt werden diese für unser heutiges Empfinden unvereinbaren Aspekte der Schuld durch die Verse 730 f.: „Doch des Menschen Sturz beschleunigt, wenn er selbst ihn sucht, ein Gott." – Hier nimmt Aischylos Strophe 3 und Gegenstrophe 3 des ersten Chorliedes wieder auf, in denen von der Ate und dem Trug der Gottheit gesprochen wurde: „Sinnt auf Trug aber die Gottheit, welcher Mensch kann ihr entgehen?" (91 f.). Nun wird klarer, wie diese Verse aufzufassen sind: Erschien es dort noch so – an dieser Stelle durchaus sinnvoll, da es dort des Dichters Absicht war, böse Ahnungen und Furcht zu erwecken –, als liege ein einseitiger Akt der Gottheit vor, den Menschen mit Hilfe der Ate zu verlocken und ihn dann zu vernichten, wird nun deutlich, daß außerdem daneben auch ein Verschulden des Menschen vorliegen muß, daß der Mensch selbst seinen Sturz suchen muß, bis die Gottheit mit angreift. Es liegt demnach objektiv durch alte Orakelsprüche fest, daß das Perserreich zugrunde gehen wird; nur der Zeitpunkt der Katastrophe ist offen. Durch Xerxes' Schuld, seinen jugendlichen Übermut, der ihn in die Netze der Ate führt, wird die Vernichtung beschleunigt. Er zieht durch sein Verhalten das Verderben heran, das vielleicht erst in späteren Generationen eingetreten wäre. Beide Aspekte der Schuld sind aufeinander bezogen, bilden eine untrennbare Einheit. Schicksal und eigene Schuld sind nicht gegeneinander abzugrenzen (vgl. dazu S. 49 ff.).

Xerxes, dem jetzigen Herrscher, werden nach einem Entschuldigungsversuch Atossas, die seine Taten auf den Einfluß schlechter Ratgeber zurückführen will, als positive Beispiele die früheren Herrscher des Perserreiches gegenübergestellt. Sie hatten die richtigen Eigenschaften, um das Reich den Göttern wohlgefällig zu verwalten. Am Sohn des Medos wird die Klugheit gelobt, die seinen kühnen Mut lenkte (755), an Kyros, daß er Maß hielt, so daß ihm die Gottheit nicht zürnte (760). Nur Mardos entsprach nicht den Anforderungen an dieses Amt und mußte deshalb von Artaphernes getötet werden. Als letzten nennt Dareios sich selbst. Historisch korrekter als Vers 550 ff. und 648 ff., wo behauptet wird, daß er nie eine Niederlage habe einstecken müssen, sagt er hier: „Doch hab' ich nie in solche Not gestürzt die Stadt" (V. 768). – All diese Eigenschaften werden bei Xerxes vermißt; deshalb hat er – wie Dareios zum Schluß seiner Rede noch einmal betont – so großes Unheil angerichtet.

Der Chorführer leitet die 2. Phase der Auseinandersetzung mit dem Geschehen dadurch ein, daß er den Blick auf die Zukunft richtet und Dareios fragt, wie das Perserreich sich am besten wieder zu neuem Glück erheben könnte. Dareios' Antwort muß auf die damaligen Zuschauer in Griechenland einen starken Eindruck gemacht haben, hatte sie doch höchst aktuelle politische Aussagekraft; denn Xerxes war zur Zeit der 1. Aufführung wieder der allmächtige Herrscher Persiens, zu dem die Griechen mit Respekt und Furcht aufschauten – mit Furcht, weil sie einen neuen gewaltigen Heereszug gegen Griechenland befürchteten. Nun wurde ihnen – gewissermaßen durch Gottes Mund – versichert, daß sie um ihre Existenz nicht zu bangen brauchten, daß ihnen vielmehr auch im Falle eines neuen Angriffs der Sieg gewiß sei. Wieweit Aischylos hier konkret für irgendwelche politischen Gruppierungen Stellung bezog, ist heute nicht mehr festzustellen.

Dareios' Antwort geht insgesamt weit über das hinaus, was der Chorführer zunächst zu wissen verlangte. Dareios sagt die Niederlage von Platää 479 voraus und gibt dazu auch die Begründung an. Hier wird die Problematik von Schicksal, Schuld und Bestrafung noch deutlicher als im Vorhergehenden. Auch diese Niederlage ist in Göttersprüchen geweissagt und wird auch wie die Niederlage von Salamis eintreten. Xerxes vertraue „eitler Hoffnung", wenn er sein Heer dort zurückgelassen habe. Ganz eindeutig hebt Dareios aber auch den Strafcharakter dieser Niederlage hervor: Sie sei Lohn des Hochmuts und der Gotteslästerung (V. 795); denn die Perser hätten rücksichtslos Götterbilder und Altäre zerstört. Dafür treffe sie die verdiente Strafe. Die Niederlage von Platää ist damit eine schicksalhafte Katastrophe, zugleich aber auch Sühne für die griechische Ursünde: die Hybris, der Xerxes wie auch sein Heer verfallen sind. Sie sind immer noch in den Netzen der Ate, deshalb ist die Niederlage unvermeidbar.

Dareios schließt seine Deutung mit konkreten Vorschlägen zur augenblicklichen Situation, zieht aus seiner Deutung das Fazit und läßt so aus dem Logos ein Mathos werden; d. h., er hat das Geschehen gedeutet, es seinen Zuhörern durchsichtig gemacht, so daß sie daraus lernen konnten. Besonders im 2. Teil der Dareiosepiphanie trat das Mathos immer deutlicher in den Vordergrund, so daß wir für die gesamte Tragödie einen Entwicklungsbogen vom Pathos über den Logos zum Mathos feststellen können.

Dareios setzt voraus, daß der Chor und Atossa diesen Lernprozeß positiv abgeschlossen haben, Wissende geworden sind, er weiß gleichzeitig aber genau, daß Xerxes sich noch im Zustand der Verblendung, der Ate, befindet. So kommt er folgerichtig zu einem doppelten Vorschlag für die konkrete politische Situation, die ja durch die Erwartung von Xerxes' Eintreffen in seiner Heimat gekennzeichnet ist: Den Chor fordert er auf, aus seinem Wissen heraus, das dem Xerxes ja noch fehle (816f.), diesen zu ermahnen, von seinem frevelhaften Übermut zu lassen. Zugleich aber gibt er Atossa den Auftrag, Xerxes würdig zu empfangen, ihm ein neues Gewand entgegenzubringen, da er sein eigenes aus Schmerz in

Fetzen gerissen habe; sie sei die einzige, auf die Xerxes jetzt hören werde. Dieser Auftrag an Atossa, der uns sehr äußerlich und unnötig erscheint, hat in der persischen Monarchie seine große Bedeutung. Das bunte Prachtgewand ist Zeichen der königlichen Macht und Würde, Sinnbild der absoluten Herrschaft; deshalb war es politisch äußerst wichtig – der Chor hatte selbst Vers 580 ff. festgestellt, daß Aufruhr gegen Xerxes drohte –, daß Xerxes in vollem Ornat Einzug in der Stadt hielt und so an seinem weiteren Herrschaftsanspruch keinen Zweifel aufkommen ließ. Um so bemerkenswerter ist es, daß Aischylos Xerxes dann doch in zerrissenem Gewande in die Orchestra einziehen läßt.

Dareios' Ratschläge zielen also in doppelte Richtung: kurzfristig darauf, Xerxes erst einmal die Herrschaft weiterhin zu sichern, für die Zukunft aber dahin, daß Xerxes unter dem Einfluß der Greise und Atossas seine Hybris einsieht und von ihr läßt, auf daß das Reich und die Dynastie auch in Zukunft gesichert seien. Danach kann Dareios wieder in den Hades zurückkehren.

Stasimon III (Vers 839–881)

Nach einer kurzen Überleitung, in der Atossas mütterliche Gefühle Xerxes gegenüber deutlich werden, singt der Chor ein Lied, das noch eng mit der Dareiosszene verbunden ist, diese gewissermaßen erst endgültig abschließt. Es ist von einfacher Grundform und ganz in elegischer Manier gehalten. Es schließt inhaltlich an den Anfang der Dareiosszene an, da es wiederum ein Loblied auf Dareios ist. Wir haben also eine Ringkomposition vor uns.

Dareios' maßvolle Haltung wird hervorgehoben, sein Sorgen für strenge, gesetzliche Ordnung, seine Unüberwindlichkeit. Auf ein Pauschallob über seine Kriegstaten folgt eine katalogartige Aufzählung der Städte und Inseln, die er seinem Reich hinzugewonnen hat. Hier dringt wieder die aktuelle Politik deutlich in die Tragödie ein: Es mußte ein erhebendes Gefühl für die Athener sein, diese Aufzählung zu hören, denn diese Städte und Inseln waren ja zur Zeit der Aufführung wieder vom Perserjoch befreit. Der Schluß leitet erneut zur Gegenwart der Tragödie zurück: zur leidvollen, verzweifelten Situation, in die die Götter das Volk der Perser gestürzt haben. Der Gegensatz Dareios – Xerxes, zwischen alter persischer Ordnung und neuer Generation, der latent das ganze Chorlied durchzog, wird zum Schluß wieder deutlich ausgesprochen.

Zwei Verse innerhalb des Katalogs – leicht zu überhören bzw. zu übersehen – sind noch einer eingehenderen Betrachtung wert, da sie ein Handlungsmotiv wiederaufnehmen bzw. zu Ende führen, das zu Beginn der Tragödie auftauchte, in der eigentlichen Dareiosszene aber unberücksichtigt blieb: „... und ging nie doch über den Halys, stürmte nicht fort vom Herd" (849 ff.). Diese Aussage über Dareios muß man in Verbindung mit dem Traumgesicht der Atossa (178 ff.) sehen. Dort ist von den zwei Schwestern die Rede, die beide „des gleichen

Stammes" sind. Die eine hat als Heimat Griechenland, die andere Persien. Die Griechin bringt Xerxes zu Fall. – Wenn nun der Chor über Dareios lobend sagt, daß er den Halys, den Grenzfluß zwischen griechischer und persischer Einflußsphäre, nicht überschritten habe, muß man den unausgesprochenen Gegensatz zu Xerxes sogleich mit in Betracht ziehen: Xerxes hat den Halys überschritten und ungeheures Leid über sein Land gebracht. Der Chor konstatiert aber nicht nur die Tatsache, sondern er wertet: Er sieht eine Schuld im Überschreiten des Flusses. Worin sie liegt, wird aus dem Traumgesicht klar. Die Perserin und die Griechin sind Schwestern, beiden wurde von den Göttern ein bestimmtes Reich zugeordnet. Xerxes versucht demnach, eine göttliche Ordnung zu zerstören, wenn er gegen Griechenland vorgeht, – ein drittes Beispiel, an dem sich zeigt, wie sehr Xerxes der Hybris verfallen ist. Dareios, der sich an die alten Göttersprüche hielt, „stürmte nicht fort vom Herd" (V. 851) und brachte deshalb sein Reich nicht in Gefahr.

Auch das Chorlied trägt demnach noch zur Deutung des Geschehens bei.

Exodos des Chores (Vers 882–1040)

Mit dem Stasimon ist eine Entwicklungslinie der Tragödie abgeschlossen: von den Handlungsmotiven, die in die Klagen, das Pathos, der ersten Szene eingeordnet waren, über den Logos zum Mathos. Diese Handlungslinie diente dazu, das Geschehen rational zu erklären und aus ihm zu lernen. Die Handlungsmotive klingen in der Schlußszene nur noch an wenigen Stellen an, sie dienen nur dazu, das Pathos zu steigern, das jetzt seinen Höhepunkt erreicht. Xerxes weiß nichts von der Dareiosszene, auch der Chor bezieht sich nicht mehr auf sie. Sie brachte ein gewisses Verzögern der Spannung, ohne sie jedoch direkt zu unterbrechen. Nun aber wird das Pathos der Szenen vor der Dareiosszene wieder aufgenommen und bis zur wildesten, ekstatischsten Klage gesteigert; der Bogen, der von bloßer Ahnung über erste Zeichen bis zur Gewißheit der Katastrophe führte, erfährt jetzt einen letzten Höhepunkt, indem nun in Gestalt des Xerxes gewissermaßen das Unglück selbst in der Orchestra erscheint. In zerissenem Gewand – denn Atossa konnte ihm ein neues nicht mehr bringen –, zerlumpt, mit leerem Köcher, zerrauftem Haar, ohne Gefolge betritt er wehklagend den Schauplatz der Tragödie, zutiefst betroffen, da ihm keine Zeichen das Geschick vorher angekündigt hatten (V. 883 f.), aber wissend, daß ihn die Götter in dieses Unglück gestürzt haben (vgl. 885, 913). Er steht erschüttert vor seinem Schicksal, erkennt nicht seine Schuld[6], um so mehr verzweifelt er an seinem Geschick. Obwohl der Zuschauer nach der Dareiosszene um Xerxes' Schuld wußte, mußte

---

[6] Deichgräber anders S. 190 f.

er doch Mitleid mit ihm empfinden, konnte auf keinen Fall – auch als Athener nicht – Genugtuung über diese Betrafung fühlen. Die aristotelische Forderung nach dem Sympáschein, dem Mitleid, ist voll erfüllt.

Es fällt dem heutigen Leser schwer, ohne Kenntnis der Musik und des Tanzes die Wirkung dieser Schlußszene nachzuempfinden, die kantatenartig als Wechselgesang zwischen Xerxes und Chor verläuft. Zuviel Wortwiederholung und leere Formeln scheinen uns den großartigen Eindruck zu zerstören. Durch zwei Beobachtungen aber kann man sich die ungeheure Pathetik dieses Tragödienabschlusses noch in Ansätzen klarmachen: Zu Beginn des Wechselgesanges singen Xerxes und der Chor noch längere Abschnitte, zum Schluß hin wird das Tempo immer schneller: Xerxes und der Chor singen jeweils nur noch eine Zeile, ganz zum Schluß werden die Zeilen immer kürzer, enthalten nur noch einzelne Schreie und Wehrufe. Dem sich immer mehr steigernden Tempo entspricht die Häufigkeit der Klagerufe: Zunächst sind sie nur vereinzelt in den Gesang eingestreut, am Schluß besteht fast der ganze Gesang nur noch aus Klagegeschrei und schmerzvollen Aufschreien. Die Wirkung beruhte aber nicht nur auf dem Gesang; die wilde Klage spiegelt sich auch in den Gebärden wider. So fordert Xerxes Vers 1010ff. den Chor auf, die Brust zu schlagen, zu stöhnen, sich den Bart und die Haare zu raufen, sich die Kleider zu zerreißen und laut zu schreien. Unter solchen Gebärden und orientalisch wilder Klage schließt höchst wirkungsvoll das Werk.

In der Schlußszene zeigt sich auch noch einmal Aischylos' formale Meisterschaft, seine Kunst, innerhalb eines Werkes Szenen aufeinander zu beziehen und damit sein Werk auch formal abzurunden. Breiten Raum in der Schlußszene nimmt eine Aufzählung der Gefallenen ein. Auf die Fragen des Chores nach bestimmten Feldherren muß Xerxes immer wehklagend ihren Tod berichten. Diese Aufzählung korrespondiert eindeutig mit dem Beginn der Tragödie, wo der Chorführer stolz zur Unterstreichung des gewaltigen, machtvollen Heerzugs die Namen der Heerführer und Könige mit ihren Truppen nannte. Durch diese Ringkomposition wird die Tragödie effektvoll abgeschlossen und die veränderte Situation dem Zuschauer sinnfällig vor Augen geführt; denn welch anderes Mittel hätte eine bessere Wirkung erzielen können als diese Wiederholung der Namen unter ganz anderem Vorzeichen.

Kehren wir zum Schluß zur Wilamowitzschen Kritik an dem Aufbau der Perser zurück. Viele seiner Einwände – besonders betreffs der Verknüpfungen seiner Akte 1 und 2 sowie 2 und 3 – konnten eindeutig zurückgewiesen werden. Zwei Argumente blieben jedoch bestehen und bedürfen der Klärung: Als der Chorführer Vers 140ff. den Chor zu einer Ratssitzung auffordert, ist überhaupt kein Stoff für eine solche Sitzung vorhanden; und auch späterhin wird auf diese keinerlei Bezug mehr genommen. Hier kann Wilamowitz durchaus das Richtige treffen, wenn er meint, daß an dieser Stelle die Phoinissen des Phrynichos nachwirken, eine Tragödie, die schon vor Aischylos dasselbe Thema behandelte. Dort hielt ein Eunuch den Prolog, während er die Sitze für die persischen Ratsherren bereitete. Aischylos würde demnach dieses Motiv übernommen haben, ohne es ganz in seine Tragödie zu integrieren – ein Verfahren, das in der Antike, wo man nicht die geringste Scheu vor Übernahmen bzw. Nachahmungen hatte, durchaus möglich war. (Vgl. dazu Deichgräber S. 171 f.; Lesky, Literaturgeschichte S. 229).

Auch die Unstimmigkeiten in der Lokalisierung wird man Wilamowitz zugeben müssen, wenn man sie auch nicht mit ihm als Mängel des Dichters bezeichnen wird. Es zeigt sich nur recht deutlich, daß der Ort der Handlung zu dieser Zeit noch sehr „ideell" aufgefaßt wurde. Durch leichte Veränderung der Bühne wurde aus einer Straße beispielsweise eine Szene auf dem Friedhof (z. B. durch die Andeutung eines Grabbaues), ohne daß den Zuschauern die Umstellung schwerfiel. Wegen ähnlicher Erscheinungen in der modernen Dramatik wird dem heutigen Leser oder Zuschauer das Verständnis für eine solche Bühnentechnik leichter fallen als noch Wilamowitz.

Gedanken und Probleme

Stoff und Gestaltung

Mit den Persern nahm Aischylos einen Stoff aus der jüngsten Vergangenheit zur Vorlage für seine Tragödie. Seit der Schlacht bei Salamis (480 v. Chr.) waren zur Zeit der Uraufführung der Perser (472 v. Chr.) erst 8 Jahre verflossen, Xerxes herrschte noch uneingeschränkt in Persien. Wenn er auch ganz Ionien an die Griechen hatte abtreten müssen, so war seine Macht doch keineswegs gebrochen. Die Konfrontation zwischen beiden Völkern stand 472 durchaus im Mittelpunkt des politischen Interesses.

Mit dieser Stoffwahl verließ Aischylos die traditionelle Thematik der Tragödie, die ihren Stoff aus der Heroensage bzw. dem Mythos genommen hatte. Vorausgegangen war ihm auf diesem Wege Phrynichos, dem neben den schon erwähnten „Phoinissen" mit der „Einnahme von Milet" noch ein zweites Werk mit politisch aktueller Thematik nachgewiesen werden kann.

Die Unterscheidung zwischen Mythos und Historie hat aber für uns heute einen anderen Stellenwert als für die Griechen zur Zeit des Aischylos. Für sie waren die alten Taten der Heroen genauso Historie wie die neuesten Ereignisse. Zwar hatten die ionischen Naturphilosophen (Hekataios von Milet, Xenophanes von Kolophon) die alten Epen schon mit rationaler Schärfe einer intensiven Kritik unterzogen, aber auch ihnen wäre niemals eingefallen, etwa an der historischen Existenz eines Agamemnon, eines Hektor oder sogar an der Tatsache des trojanischen Krieges zu zweifeln. Selbst für Thukydides stand die Tatsache dieser Ereignisse noch außer Zweifel.

Insofern scheint es falsch, überhaupt die Begriffe mythischer bzw. historischer Stoff auf die griechische Tragödie anzuwenden. Viel wichtiger ist es, den zeitlichen Abstand zum Zeitpunkt der Aufführung in Betracht zu ziehen (vgl. dazu Kierdorf S. 49); denn die Wahl eines zeitgenössischen Stoffes mußte für den Dichter Konsequenzen haben. Die Zuschauer kannten ja das gesamte Geschehen aus eigener Anschauung und besaßen dazu ihre feste Meinung. Diese Erfahrung mußte Phrynichos in schmerzhafter Weise mit seinem Werk „Die Einnahme von Milet" machen: als er die Athener zwei Jahre nach dem für sie so schmerzvollen Ereignis durch die Erinnerung daran derart erzürnte, daß sie ihn zu einer Strafe von tausend Drachmen verurteilten und Aufführungen des Stückes verboten.

Aischylos mußte also Rücksicht auf die herrschende Meinung nehmen, mußte andererseits durch seine Schilderung, durch seine Deutung des Geschehens das Interesse der Zuschauer wecken, da sie eine reine Wiedergabe der Tatsachen wohl kaum gereizt hätte. Die griechische Tragödie hat ja niemals ihre Wirkung durch Neuartigkeit des Stoffes erzielt, niemals überhaupt im weitesten Sinne durch ihre Fabel, sondern durch ihre besondere Deutung des jeweiligen Stoffes. Die Zuschauer kannten den zugrundeliegenden Stoff immer ganz genau, er war Allgemeingut des Volkes. Sie erwarteten eine Darstellung aus einer besonderen Sicht, die sie überraschte und Furcht und Mitleid in ihnen erweckte (Aristoteles).

Demnach ergeben sich für die Perser folgende Fragen: Wieweit hielt sich Aischylos an die historischen Gegebenheiten? Wie schilderte er die Perser und die Griechen? Und falls er von den historischen Tatsachen abwich: Warum tat er es und mit welcher Absicht?

Aischylos ersetzt zunächst, wie schon Phrynichos vor ihm, die zeitliche Ferne, die sonst dem Stoff eignet, durch eine räumliche (vgl. Kierdorf S. 48 f.). Er verlegt den Ort der Handlung nach Persien und schildert das Geschehen aus der Sicht der Perser. Durch diesen Kunstgriff verschafft er sich mehr Spielraum für seine Darstellung und dazu die Möglichkeit, wie es nach der Tradition der Gattung „Tragödie" üblich war, das Geschehen aus größerem Abstand und aus einer besonderen Sicht darzustellen.

In der Schilderung der Perser versucht Aischylos möglichst wirklichkeitsgetreu zu sein. Im Äußeren erfüllt er alle Vorstellungen, die die Zuschauer wohl von den Persern hatten: Sie traten gewiß in der üblichen persischen Tracht auf; Dareios trägt Tiara und Safranschuh, die Zeichen der königlichen Würde, als er aus dem Grab aufersteht. Persisches Brauchtum, wie die historische Prachtliebe der Könige oder die Proskynese, den Kniefall der Untergebenen vor dem König, nützt Aischylos szenenwirksam aus. So läßt er Atossa im Prachtgespann auf der Bühne auffahren, läßt den Chor vor dem König wie auch vor der Königin die Proskynese ausführen. Er begnügt sich aber nicht mit dieser äußeren Wirkung, sondern benutzt die Bräuche gleichzeitig leitmotivisch, indem er sie mit der – ebenfalls historischen – einfachen Lebensart der Griechen konfrontiert. Damit geraten diese Bräuche ins Zwielicht, müssen für den Zuschauer Züge der Hybris erhalten, denn sie scheinen das den Menschen gesetzte Maß zu überschreiten, wie wir es schon bei dem Übermaß des Aufwandes für den Feldzug auf Seiten der Perser festgestellt hatten. Diese äußeren Merkmale persischen Hofzeremoniells, durchaus realistisch dargestellt, werden demnach schon von Aischylos geschickt in den Zusammenhang von Schuld und Verhängnis gebracht und damit in die Gesamtdeutung des Stückes einbezogen.

Aischylos' Bemühen, das fremdartige orientalisch-persische Kolorit in seinem Werk einzufangen, können wir auch noch deutlich in seinen Chorliedern erkennen, obwohl uns die Musik nicht überliefert ist: an der Fremdartigkeit der Rhythmen.

Im religiösen Bereich aber überträgt Aischylos typisch griechische Vorstellungen auf die Perser: Die Vorstellung, daß Tote die Zukunft schauen und Lebenden davon berichten (vgl. Klytaimnestra in den Eumeniden), ist typisch griechisch, ebenso daß sie Könige in der Unterwelt sind (vgl. Achill in der Odyssee). Auch die Gebete, Opfer und die Formen der Mantik sowie die Götternamen zeigen keinen Einfluß persischer Vorstellungen. Gewiß waren auf diesem Gebiet die Kenntnisse der Zuschauer und wohl auch des Aischylos über die Perser nicht allzu groß, die Hauptgründe dürften aber in Aischylos' Deutung des Geschehens liegen, der – obwohl aus der Perspektive der Perser erzählend – alles aus typisch griechischem Weltverständnis darstellt.

Größte Akribie gegenüber dem historischen Geschehen zeigt Aischylos im Botenbericht, bei der Schilderung des Schlachtverlaufs bei Salamis. Aischylos erweist sich hier als eine sicherere Quelle als der Historiker Herodot. Die Worte des Boten 261 f.: „Als Augenzeuge, nicht vom Hörensagen nur bericht' ich, Perser, welches Unglück da geschah", muß man wohl auf Aischylos selbst beziehen; denn er selbst war Mitkämpfer bei Salamis gewesen, wie Ion von Chios bezeugt. Daraus erklärt sich seine Genauigkeit; außerdem durfte er hier bestimmt nicht von der Wirklichkeit abweichen, da im Rund des Theaters die alten Salamiskämpfer gewiß in großer Zahl vertreten waren.

Einige Nuancen fallen aber auch bei diesem genauen Bericht auf: Die gesamte Schlachtschilderung ist durch den Gedanken überprägt: Ein böser Dämon hat zugunsten der Griechen eingegriffen und das Heer vernichtet. Obwohl das ganze Geschehen völlig realistisch geschildert wird, bleibt der Gedanke des göttlichen Eingreifens daneben immer präsent. Am deutlichsten zeigt sich dieses Nebeneinander Vers 348 f.:

„Anstifter allen Leids war ein Rachegeist. Ein böser Dämon, Herrin, der von irgendwo erschien. Ein Grieche nämlich aus dem Heer Athens kam eines Tags zu deinem Sohn und meldete."

Wie beide Handlungen, das Eingreifen des Dämons und die List des Sikinos, zusammenhängen, bleibt offen (vgl. dazu Schulz S. 13 f.).

Wie wichtig dieser Gedanke des göttlichen Eingreifens für Aischylos war, zeigt der Botenbericht in seiner Gesamtheit. Aischylos setzt deutlich die eigentliche Schilderung der Schlacht mit dem Gemetzel auf der Insel Psyttaleia, wobei er sich – sieht man von der Überprägung durch den Gedanken des göttlichen Eingreifens ab – streng an die historischen Gegebenheiten hält, von den übrigen Teilen des Botenberichts ab, vermutlich um seinen Schlachtbericht in seiner Wahrhaftigkeit nicht zu diskreditieren. Dort verläßt er nun den Boden der historischen Tatsachen; die Gefallenenliste mit ihren fremdländischen Namen ist gewiß erfunden, ebenso die Einzelheiten über den Rückzug des Heeres nach Persien. Aber gerade im letzteren Falle kann man die poetische Absicht des Aischylos deutlich erkennen. Aischylos überträgt hier Geschehnisse, wie sie sich beim Rückzug des Heeres des Mardonios ein Jahr später wohl abspielten, historisch falsch auf das Heer des Xerxes. Vor allem aber läßt er hier, wo die Griechen sicherlich keine direkten historischen Kenntnisse hatten, die Götter aktiv in das Geschehen eingreifen. Sie lassen das Eis erstarren und schmelzen (491 ff.), um das Heer zu strafen und zu vernichten.

Die göttliche Motivation für das Geschehen steht also deutlich für Aischylos im Mittelpunkt seiner Darstellung. Und hier, wo er nicht durch die Historie eingeengt ist, stellt er sie ganz in den Vordergrund. Mag auch in Griechenland sich bald nach den historischen Ereignissen im Volk der Glaube durchgesetzt haben, daß sie nur durch das Eingreifen der Götter gegen eine solche Übermacht bestehen konnten, mag also dieser Glaube damals Allgemeingut gewesen sein, so ist es doch Aischylos' persönliche Leistung, die Geschehnisse in den Rahmen von Verblendung, Schuld und Strafe eingeordnet zu haben und alles ganz aus diesem Zusammenhang zu deuten. Seine Treue gegenüber historischen Ereignissen wird überdeckt durch den Willen, den Sinn des Geschehens zu ergründen. Dort findet seine historische Akribie ihre Grenzen.

Noch in einer weiteren Nuance innerhalb des Botenberichts zeigt sich Aischylos' Gestaltungswille. Es ist schon alten Interpreten aufgefallen, daß er auf jede Namensnennung einzelner Griechen verzichtet, so auf die Nennung des Themistokles, des Aristeides, des Sikinos, obwohl doch jeder Athener z. B. bei der List des Themistokles ganz genau über die Zusammenhänge informiert war. Man hat sich früher mit der äußeren Erklärung begnügt: da ein persischer Bote den Schlachtbericht gibt, konnte dieser ja die Namen der griechischen Führer nicht kennen. Diese Erklärung hat durchaus ihre Berechtigung, aber darüber hinaus erreicht Aischylos durch dieses Verschweigen der historisch Beteiligten, daß die Griechen insgesamt als Werkzeug der Götter erscheinen. Der Dämon leitet sie, gibt ihnen den Sieg, der Beitrag der historischen Gestalten wird herabgemindert, da dadurch die Gesamtkonzeption nur gestört werden könnte.

Am deutlichsten aber wird, wo Aischylos die Prioritäten setzt, an den Stellen, an denen er die Geschichte um einer höheren dichterischen Wahrhaftigkeit willen verfälscht. Es mag sein, daß Aischylos nicht darüber informiert war, daß sich das Grab des Dareios nicht in Susa, der Hauptstadt Persiens, sondern in Persepolis befand – schließlich war diese Tatsache auch Herodot nicht bekannt –, aber ich glaube nicht fehlzugehen, wenn ich behaupte (vgl. dazu Kierdorf S. 55), daß er auch dann diese Geschichtsfälschung vorgenommen hätte, denn sonst hätte er auf die Dareiosszene, das Zentrum seines Stückes, verzichten müssen.

Unterstützung erhält diese These durch die Tatsache, daß er bestimmte Züge des Dareios bewußt verfälscht. Herodot berichtet, daß Dareios selbst die Vorbereitungen zu einem neuen Feldzug gegen Griechenland getroffen hatte und nur der Tod seinen Plan durchkreuzte. Ganz entgegengesetzt äußert sich Aischylos. Er läßt den Dareios als Warner vor einem Heereszug gegen Griechenland auftreten und Xerxes als Hybris vorwerfen, daß er den Zug nach Griechenland wagte. Ebenso behauptet Aischylos geschichtlich falsch (V. 849f.), daß Dareios nie den Halys überschritten habe, den Grenzfluß zwischen griechischer und persischer Einflußsphäre, obwohl er im Skythenfeldzug 490 v. Chr. bis auf den Balkan vorgestoßen war.

Diese Züge paßten Aischylos nicht in die Gesamtkonzeption seines Werkes. Für ihn bedeutete ein Überschreiten des Halys einen Verstoß gegen die von Gott gewollte Ordnung (vgl. dazu das Traumbild). Deshalb durfte Dareios, der im gesamten Werk als positives Gegenbild des Xerxes geschildert wird, nicht denselben Fehler begangen haben, besonders da ihn ja keine Strafe dafür getroffen hatte. – In denselben Zusammenhang gehört, daß Dareios im ganzen Werk als der Unüberwindliche, Unbesiegte (vgl. 842) bezeichnet wird. Auch das trifft historisch nicht zu; denn im Skythenfeldzug mußte er eine Niederlage einstecken. Daß Aischylos hier bewußt die Geschichte verfälscht, zeigen die Verse 767f., wo er geschickt einer klaren Aussage aus dem Wege geht und Dareios sagen läßt:

,,Und oft zog ich ins Feld mit großer Heeresmacht,

Doch hab' ich nie in solche Not gestürzt die Stadt."

Da das gesamte Werk von dem Gegensatz zwischen jung und alt, zwischen Dareios und Xerxes lebt[1] und der jugendliche Übermut des Xerxes ein Leitmotiv des Werkes ist, eliminiert Aischylos um der Ökonomie seines Werkes willen alle Züge, die dieses Bild stören könnten. An der Gestalt des Dareios läßt es sich klar nachweisen.

Von den historischen Gegebenheiten weicht Aischylos noch an einer weiteren Stelle ab, wenn er Vers 5ff. den Chorführer sprechen läßt, daß sie von Xerxes zu ,,Hütern des Landes" ausgewählt worden seien. Von Herodot wissen wir, daß Artabanos, der Bruder des Dareios und Onkel des Xerxes, dieses Amt übernommen hatte. Die Iranisten haben nachgewiesen, daß dies in Persien üblich gewesen ist. Ratsherren in dem Sinne, wie Aischylos sie hier eingeführt hat, hat es nie

---

[1] Xerxes war übrigens während des Feldzugs schon in mittleren Jahren.

gegeben. Unter demselben griechischen Wort, das Aischylos hier für den Chor häufig gebraucht, verstanden die Griechen sonst die Leibwache der Perserkönige, die Schar der 10.000, die aber durchaus nicht mit den Aischyleischen Ratsherren gleichgesetzt werden kann. Sie befand sich natürlich auch mit auf dem Feldzug gegen die Griechen. Demnach haben wir hier wieder eine Erfindung des Aischylos vor uns, die aber schon in dem stummen Nebenchor in den Phoinissen des Phrynichos, der auch aus Ratsherren bestand, ein Vorbild hatte.

Es wäre vielleicht auch für Aischylos möglich gewesen, wie Phrynichos als Hauptchor Perserinnen zu nehmen oder auch einen anderen Chor, der das persische Volk repräsentiert, aber er brauchte für diesen Chor eine Personengruppe von höherer Würde (vgl. Kierdorf S. 55), die sich nicht nur in Klagen über das Geschehen äußert, sondern auch kritisch dazu Stellung bezieht. So erfand er die Ratsherren, wahrscheinlich angeregt durch den Nebenchor des Phrynichos, und gab ihnen die Funktion, das Land zu hüten, obwohl dies in Persien die Aufgabe einer Einzelperson war. Damit konnte er die Tradition der griechischen Tragödie erfüllen, die als einen Hauptträger des tragischen Geschehens den Chor verlangt (vgl. dazu Kapitel 1.1.), und gleichzeitig seinen eigensten Intentionen nachgehen.

Die Perser des Aischylos erwiesen sich – besonders im Botenbericht – als eine äußerst wichtige Quelle für den Historiker. Auch der Iranist kann echte Kenntnisse aus dem Werk gewinnen. Trotzdem steht für Aischylos – wie wir sahen – keineswegs historische Treue im Vordergrund. Er hält sich an sie, soweit er mit genauen Kenntnissen der Zuschauer rechnen mußte, verzichtet aber auch dort nicht darauf, die historischen Ereignisse in einer bestimmten Weise zu deuten. Andererseits setzt er sich aber über historische Tatsachen hinweg, wenn sie der intendierten Aussage seines Stückes zu widersprechen drohen. Besonders dort, wo kein klares Wissen bei den Zuschauern vorlag, geht er recht frei mit der geschichtlichen Wahrheit um. Die Ökonomie des Stückes, seine innere Wahrhaftigkeit ist das Kriterium, nach dem er seine Entscheidungen trifft.

Alle bühnenwirksamen Effekte, die ihm die fremden Bräuche und das exotische Kolorit bieten, nützt er voll aus; so wirkt das Werk in allem Äußeren fremd und exotisch, in seinem Kern aber ist es echt hellenisch und ganz von griechischem Geist geprägt.

Die Personen der Handlung

Personen der Handlung im üblichen Sinne sind in diesem Werk nur die Perser, da sie allein in der Orchestra agieren. Trotzdem ist es berechtigt, auch die Griechen zu ihnen hinzuzurechnen; denn auch sie sind Träger der Handlung, wenn sie auch nicht als Personen im Stück auftreten. Der griechischen Tragödie ging es sowieso nicht darum, „Handlung" auf der Bühne darzustellen, sie verlegte vielmehr die Handlung im eigentlichen Sinne vor den Anfang des Werkes oder hinter die Szene. Sie zielte, wie schon Nietzsche (Fall Wagner, T.-A. S. 203) feststellte, auf „große Pathosszenen" und „schloß die Handlung gerade aus". So findet sich auch in den Persern kaum Aktion, von ihr wird vielmehr nur berichtet, wird erzählt, das Geschehen wird beklagt und gedeutet und liegt zeitlich schon vor dem Einzug des Chores in die Orchestra. Und dort sind die Griechen ebenso wie die Perser Träger des Geschehens. Aber auch im Werk selbst ist das Handeln der Griechen immer präsent, denn diese Tragödie lebt vom Gegensatz zwischen Griechen und Persern.

Obwohl die eigentliche Handlung vor dem Beginn des Werkes liegt, gelingt es Aischylos durch den Kunstgriff, daß er das Eintreffen der Nachricht von der katastrophalen Niederlage etwa in die Mitte des Werkes verlegt, das Geschehen in der Orchestra in einen gewaltigen Spannungsbogen einzubetten (vgl. Kapitel „Gang der Handlung"). Hier zeigt er sich seinem Vorgänger Phrynichos dramentechnisch überlegen, denn dieser ließ in seinen Phoinissen schon im Prolog einen Eunuchen von der Niederlage berichten, so daß sich die weitere Handlung vermutlich nur in Klagen der betroffenen Perser über ihr Geschick erschöpfte.

Von den Griechen erfahren wir nur durch den Mund der Perser: durch den Chorführer auf Frage Atossas, durch den Boten im Botenbericht und durch Dareios in seiner großen Szene.

Alle drei verzichten darauf, einzelne Griechen mit Namen zu nennen, obwohl bedeutende Persönlichkeiten wie z. B. Themistokles und Aristeides die Griechen führten. Diese Tatsache ist um so auffälliger, als deren Taten bis in alle Einzelheiten geschildert werden, so daß jeder Grieche damals sofort wissen mußte, wer gemeint war. Trotzdem vermeidet Aischylos, die Leistungen einzelner hervorzuheben, und achtet streng darauf, die Griechen in ihrer Gesamtheit als Kämpfer und Sieger darzustellen. So spricht er auch nicht von den einzelnen Stämmen, die in dem vereinigten Griechenheer tätig waren. Nur Vers 355 betont er, daß ein Athener die List des Themistokles durchführte und ins Lager des Xerxes ging. Vielleicht brach hier einmal Aischylos' Stolz auf seine Vaterstadt durch. Aber er schränkt diese Aussage sofort wieder ein, indem er die Tat als Leistung eines Dämons, eines Gottes darstellt.

Diese Doppelheit der Darstellung finden wir an fast allen Stellen, an denen über Taten der Griechen berichtet wird: Sie sind Taten der Griechen, zugleich aber auch Taten der Gottheit. Und darin liegt auch der Grund, warum Aischylos auf die Namensnennung einzelner Griechen verzichtet, während er bei den Persern sogar eine Fülle von Namen erfindet: Er empfindet die Griechen in ihrer Gesamtheit als Werkzeug, die in der Götter Auftrag und mit ihrer Hilfe das verdiente Strafgericht über das der Hybris verfallene Reich der Perser vollziehen. Eine solche Auffassung verbietet es, die Leistung des einzelnen Menschen stark zu betonen; denn nur den Göttern verdanken die Griechen es, daß sie dem an Material und Menschen so turmhoch überlegenen Perserheer eine vernichtende Niederlage bereiten konnten. –

Im Kapitel „Gang der Handlung" (S. 25) wurde schon festgestellt, daß Atossa sich Vers 227 ganz plötzlich, ohne daß diese Wandlung des Gespräches vorbereitet wurde, mit den Worten „Aber wissen möcht' ich eins" nach Athen und ihren Bewohnern erkundigt.[2] Da Aischylos einen solchen unvermittelten Übergang in Kauf nahm, mußte ihm die Aussage dieser Szene sehr wichtig sein. Und so hören wir dort auch die die Staatsform der Demokratie herausstreichenden Worte: „Keines Mannes Sklaven sind sie und auch keinem untertan" (239). Und die folgenden Verse zeigen, daß die Griechen gerade deshalb besonders tüchtig im Kriege sind.

Direkt vor Beginn des Botenberichts lesen wir diese für das ganze Werk zentrale Stelle, stellt sie doch beide Staatsformen gegenüber: die persische Despotie der athenischen Demokratie. Dabei erweist sich die Demokratie als die überlegene Staatsform, während die Perser indirekt als Knechte bezeichnet werden. Athen verdankt nicht zuletzt den Sieg seiner überlegenen Staatsform, die Perser dagegen müssen aus demselben Grunde unterliegen. Aischylos wertet den Unterschied aber vor allem moralisch: Das Perserreich zeigt in seiner gesellschaftlichen Struktur Züge der Hybris, da es einem einzigen alle Macht gibt, während es die anderen knechtet. Aus diesem Status der Hybris, der sich auch noch an anderen Merkmalen des Perserreichs zeigt (vgl. S. 50), müssen zwangsläufig Taten der Hybris entstehen, die dann ebenso zwangsläufig das Gericht der Gottheit hervorrufen. Und die Gottheit bedient sich der Griechen als Werkzeug, da diese – fern aller Hybris – nur um ihre nackte Existenz kämpfen.

Während die Griechen nur indirekt in den Worten der in der Orchestra Agierenden vor dem Zuschauer erstehen und immer nur als Gemeinschaft erwähnt werden, tritt das Perserreich in der ganzen Breite seiner gesellschaftlichen Ebenen vor das Auge des Zuschauers: vom einfachen Volk bis zum göttlichen Herrscher, wobei durch die Konfrontation der Generationen sogar noch ein zeitlicher Faktor in die Betrachtung mit hineinbezogen wird.

Als Chor, an den Aischylos der Tradition nach gebunden war, wählte er persische Ratsherren, Greise, die in Abwesenheit des Herrschers als „Hüter des Landes" fungieren. Aischylos weicht hier von den historischen Tatsachen ab; denn in Persien übernahm zu damaliger Zeit immer ein einzelner die Herrschergewalt, falls der Großkönig abwesend war, in unserem Falle hier Artabanos, der Bruder des Dareios, wie Herodot glaubwürdig bezeugt (vgl. dazu S. 42 f.).

---

[2] Über die innere Ökonomie dieser Szene siehe S. 25 f. Der Übergang bleibt aber trotzdem unvermittelt und ungeschickt.

Für die griechische Tragödie war zur Zeit des Aischylos der Chor als tragendes Element obligatorisch. Aischylos hätte die Möglichkeit gehabt, wie Phrynichos einen Chor von Perserinnen oder Persern zu wählen, die das einfache Volk repräsentieren. Er verzichtete aber darauf; denn ein solcher Chor hätte seine Möglichkeiten stark eingeschränkt. Ausgedehnte Klagelieder wie bei Phrynichos, eventuell auch aufrührerische Gesänge – damit wäre die Aussagefähigkeit eines solchen Chores erschöpft gewesen. Sein Entschluß, einen Chor aus Ratsherren zu bilden, beließ ihm die Möglichkeit der Klage, denn auch die Ratsherren sind unmittelbar betroffen von dem Unglück. Auch Töne des Aufruhrs legte er ihnen in den Mund; sie neigen nicht selbst dazu, sondern befürchten den Aufstand der unterjochten Völker (580 ff.), befürchten, daß das Volk sich gegen den heimkehrenden Xerxes wendet. So ist in ihren Worten die Sphäre des Volkes voll repräsentiert. – Darüber hinaus aber konnte Aischylos durch den Chor der Ratsherren Dinge aussprechen lassen, die er einem anderen Chor nicht hätte in den Mund legen können. Ermöglicht wird ihm das durch die merkwürdige Zwischenstellung des Chores: Einerseits sind die Choreuten direkt durch das Unglück betroffen; denn sie sollen durchaus die Perser in ihrer Gesamtheit repräsentieren. Andererseits aber haben sie auch kritische Distanz zum Geschehen, können sich von den Taten des Xerxes und seines Heeres distanzieren, können kritisch über das Geschehen reflektieren; denn sie gehören als Greise einer anderen Generation an, die für dieses Unternehmen nicht verantwortlich gemacht werden kann, die sich deutlich – besonders in der Gestalt des Dareios – von den Taten der neuen Generation absetzt. Diese Funktion des Chores war Aischylos so wichtig, daß er sich dafür ohne Bedenken über historische Gegebenheiten hinwegsetzte.

Die alte Generation erweist sich als in sich geschlossen, in Übereinstimmung ihrer Glieder, konfliktlos und vorbildhaft. Die Umgangsformen miteinander spiegeln es deutlich wider. Der Chor ist voller Ehrfurcht vor Dareios und Atossa, dem Herrscherpaar. Er wirft sich in der Proskynese vor ihnen zu Boden; trotzdem gewinnt man nie den Eindruck der Erniedrigung, der Unterwürfigkeit bzw. der Herablassung oder etwa der Unterdrückung. Die gegenseitigen Anreden geben es deutlich wieder: Dareios wird von ihnen als Vater (663) bezeichnet, als lieber Freund, seine freundliche Art wird hervorgehoben (647 ff.). Dareios selbst spricht sie wiederum an als Treueste der Treuen (669) und als seine Altersgenossen (670, 771). Vertrauen herrscht zwischen ihnen, die Menschlichkeit durchdringt die höfischen Formen. Man gewinnt das Bild einer patriarchalisch geordneten Gemeinschaft, die in sich selbst ruht und von allen ihren Gliedern getragen wird.

Auch Atossa ist voll in diesen Vertrauenskreis integriert. Sie wird mit derselben Ehrfurcht begrüßt und verkehrt mit den Alten auf derselben Vertrauensbasis wie Dareios. Beredtes Zeugnis davon geben die Verse 522 ff., als durch den Botenbericht der Umfang der Niederlage deutlich geworden ist. Atossa bittet hier die

Greise, ihr mit treuem Rat beizustehen und den Sohn ehrenvoll nach Hause zu geleiten. Im Angesicht der Niederlage befürchtet sie nicht eine Abwendung des Chores, ein Aufbegehren gegen Xerxes, der das Unglück über das Volk gebracht hat, sondern wendet sich vertrauensvoll dem Chor zu, obwohl sie sonst durchaus mit Aufständen rechnet (vgl. 527f.). Das Unglück verbindet Herrscherin und Chor nur noch fester miteinander, das Treueverhältnis wird nicht erschüttert.

Aischylos versäumt keine Gelegenheit, die Vorbildlichkeit der alten Generation gegenüber der jetzigen herauszustreichen. Ihrem inneren Zusammenhalt, der sich im Umgang miteinander deutlich manifestiert, entspricht der Erfolg nach außen: Große Siege haben sie unter Dareios gefeiert; und deutlich wird die Ursache dafür hervorgehoben: „... während des Kriegsrechts Satzungen überall streng wir befolgten" (845f.). Auf Recht und Ordnung, fern aller Hybris, war dieser Staat gegründet: „Ach welch ein glückliches, herrliches Leben in strenger, gesetzlicher Ordnung genossen wir" (839f.). So konnten die Erfolge nicht ausbleiben. Dareios, der große, milde Herrscher, war der Garant des Erfolges.

Von der alten Generation hebt sich deutlich die junge jetzt herrschende Generation ab, die im wesentlichen durch die Gestalt des Xerxes repräsentiert wird.

Xerxes fehlt das Maß, die griechische Urtugend; er ist jung, draufgängerisch und ungestüm, voller Ehrgeiz. Er will seinem Vater Dareios nacheifern, vor allem ebensolche Erfolge erringen. Dazu fehlt ihm aber die innere Gelassenheit, der Sinn für Gesetz und Ordnung. Er überschreitet die ihm gesetzten Grenzen. Zum Schluß des Werkes, als er auf der Bühne erscheint, steht er der Katastrophe völlig überrascht und hilflos gegenüber. Er sieht, die Götter haben sich gegen ihn gewandt, aber er bleibt auch hier unwissend, erkennt nicht die Ursachen für seinen Niedergang.

Über die anderen Mitglieder der jungen Generation erfahren wir wenig, alles nur durch Äußerungen anderer Personen. Es tritt zwar der Bote auf; dieser muß aber wohl mehr funktional als Erzähler des Schlachtenberichtes aufgefaßt werden. Seine Generationszugehörigkeit wird nirgends betont.

Das Bild der jungen Generation, das Aischylos entwirft, deckt sich aber voll mit dem ihres Repräsentanten, des jungen Königs. Atossa erwähnt, daß er von schlimmen Ratgebern umgeben gewesen sei, die ihn zum Kriege trieben, damit er wie sein Vater Reichtum erwerbe (741ff.). Auch bei diesen herrschten also Ehrgeiz und Gier nach Macht. – Sobald irgendwo vom einfachen Volk die Rede ist, wird deutlich, daß sie die Herrschaft als Joch empfinden, daß sie murren, daß man einen allgemeinen Aufstand durchaus befürchten muß (208ff., 580ff.). Höfische Etikette, die absolute Stellung des Großkönigs – alles ist noch erhalten, aber es ist nur noch eine leere Hülle, wird inhaltlich von den einzelnen Gliedern nicht mehr getragen. Die Züge der Hybris, die Xerxes zeichnen, spiegeln sich in seinen Untertanen wider. Folgerichtig wird auch das Heer in Böotien, wie Dareios voraussagt, Freveltaten begehen, indem es Götterbilder raubt und Heiligtümer ansteckt, wie sein Herr Xerxes mit der Knechtung des Hellespont. Die alte Generation steht der jungen zwiespältig gegenüber. Sie distanziert sich von ihrem Verhalten, sucht sie aber doch zu stützen und ihr zu Erfolgen zu verhelfen. Am deutlichsten zeigt sich dies in den Gestalten des Dareios und Atossas, der Eltern des Xerxes.

Dareios, aus der Unterwelt heraufgerufen, deutet als göttlicher Heros das Geschehen und deckt schonungslos des Xerxes Freveltaten als Ursache für die vernichtende Niederlage auf. Dabei grenzt er sich und seine Generation klar von diesen ab. Andererseits aber ist er Xerxes' Vater und will dessen Thron für die Zukunft sichern. Deshalb fordert er Atossa auf, Xerxes entgegenzugehen und ihm neue Königsgewänder zu bringen, damit dieser nicht ohne königlichen Ornat, das Zeichen seiner Königswürde, vor das Volk treten muß. Außerdem bittet er sie (816 ff.), Xerxes zu trösten und auf ihn einzuwirken. So steht Dareios im Zwiespalt zwischen seiner Rolle als Vater sowie der als göttlicher Heros und Repräsentant der alten Generation.

Atossa wird von Aischylos vorherrschend als Mutter gezeichnet. Sie spricht immer nur von „ihrem Sohn", ja, selbst von Dareios redet sie als vom „Vater des Sohnes" (605). Mutterliebe beherrscht ihr Wesen. Auch vor Dareios, dem Vater, versucht sie Xerxes zu entschuldigen, indem sie auf schlechte Ratgeber verweist (741 ff.). Am schönsten aber zeigt sich ihre Sohnesliebe in den Worten, mit denen sie die Bühne verläßt: „Mein Liebstes werd' ich nicht verlassen in der Not" (838). Sie scheint die Ursache für die Niederlage hauptsächlich in einem bösen Dämon zu sehen (712, 469 ff.), verkennt aber nicht die Verflochtenheit ihres Sohnes in die Problematik von Verblendung, Schuld und Frevel (347, 714, 706). Seine Schuld wie der Niedergang des Reiches, seitdem die Generation der Alten die Führung aus ihrer Hand gegeben hat (697 ff.), stehen für sie außer Zweifel.

Aischylos wertet die alte Generation der Perser der neuen gegenüber sehr positiv. Damals bildeten gesellschaftliche Formen und das Verhalten ihrer Träger noch eine Einheit, waren von pulsierendem Leben erfüllt, während sie für die neue Generation nur noch eine leere Hülle darstellen. Die gesellschaftliche Entwicklung ist über die alten Formen hinweggegangen. Insofern kann auch die positive Wertung nicht darüber hinwegtäuschen, daß Aischylos keineswegs etwa für die alte persische Staatsform plädiert; denn alles läßt er in diesem Werk von der attischen Demokratie überstrahlen. Hier setzt er betont seine Akzente. Sie ist die neue Staatsform, die vielleicht auch dem Volk der Perser zu neuen Impulsen verhelfen könnte.

Das Problem von Schuld, Verhängnis und Strafe

Bei der Untersuchung der Dareiosszene hatten wir zwei Motivationsstränge für das Geschehen im Drama festgestellt: einerseits wird es als von Gott gewollt und von Gott vorherbestimmt motiviert. Ein böser Dämon greift selbst mit ein, stellt den Menschen Fallen und bestraft sie. Der zweite Motivationsstrang leitet sich ganz vom Menschen her: Ein Mensch verfällt in Hybris, greift über die ihm gesetzten Grenzen hinaus und erhält dafür die verdiente Strafe. Beide Stränge stehen recht unvermittelt nebeneinander.

Wenden wir uns zunächst dem zweiten zu. In Xerxes' Verhalten liegt hier der Urgrund der Niederlage, in seiner „Krankheit des Geistes" (wörtliche Übersetzung von V. 738 f.). Xerxes ist noch jung und ungestüm. Er will wie sein bedeutender Vater und Vorgänger Dareios das Reich erweitern und große Taten vollbringen. Schlimme Ratgeber stacheln seinen Ehrgeiz an, obwohl ihm noch die notwendigen Fähigkeiten für solche Unternehmungen fehlen. Xerxes folgt in jugendlichem Ungestüm den Ratgebern, ohne an Dareios zu denken, der ihm von einem Feldzug gegen Griechenland abgeraten hatte. Zeigen sich hier schon Ansätze eines frevelhaften Verhaltens, da Xerxes nicht seinen Fähigkeiten entsprechend maßhalten kann, so werden sie in der Durchführung des Feldzuges überdeutlich. Schon in dem Übermaß an Aufwand bei der Aufstellung des Heeres liegt ein Keim des Niederganges; denn dadurch mußten sich nach griechischem Glauben die Götter herausgefordert fühlen. Dann übertritt er die dem Perserreich gesetzten Grenzen sogleich in zweifacher Weise: Er überschreitet den Halys, den Grenzfluß zwischen griechischer und persischer Einflußsphäre, und verwirrt damit die gottgewollte Ordnung der Welt, wie sie sich im Traumbild bild (V. 178 ff.) sinnbildlich gezeigt hat. Aber auch in der Art der Kriegsführung weicht er von der gottgewollten Norm ab; denn er vertraut den Schiffen, der Waffe, die den Griechen als Seemacht zusteht, während den Persern die Macht zu Lande von den Göttern zugeteilt war (vgl. V. 99 ff.; 554 ff.; 918).

Ihren sinnfälligsten Ausdruck aber findet die frevelhafte Gesinnung des Xerxes in der Überbrückung des Hellespont: Er wagt es, den göttlichen Strom durch eine Brücke in Fesseln zu legen, ja die Ordnung der Elemente zu verkehren und aus Wasser Land zu machen. – Die spätere Legende versuchte – vermutlich durch Aischylos' Schilderung angeregt – den Frevel noch zu steigern und ließ Xerxes den Hellespont peitschen. – Die verdiente Strafe für Xerxes, der seine Grenzen überschritten hat, tritt mit der Niederlage bei Salamis ein.

Welche Eigenschaften an Xerxes vermißt werden, zeigt uns Aischylos durch das Gegenbild des Dareios und der früheren Herrscher, die dem Reich nur Segen gebracht haben: Klugheit, kühner Mut (755), Maßhalten (760), typisch griechische Eigenschaften, die noch viele Jahrhunderte für die Griechen bestimmend waren.

Aber die Strafe trifft nicht nur Xerxes zu recht, sondern auch das persische Heer, das ebenfalls der Hybris verfallen ist. Denn es hat Götterbilder geraubt und Heiligtümer bis zum Grund zerstört. In seherischer Schau sagt Dareios die Niederlage von Platää (479 v. Chr.) voraus, wo auch das Landheer sein Ende finden wird.

In beiden Fällen – bei Xerxes und bei den Männern von Platää – finden wir demnach eine dreistufige Entwicklung vor: von dem inneren Frevelmut, der ihnen als status innewohnt, zur frevelhaften Tat, dem actus, der wiederum die Strafe durch Gott, das Gericht[3], nach sich zieht. Das Geschehen ist ganz vom Menschen her motiviert und erfüllt sich in einer durchaus logischen Kausalkette.

Der status der Hybris bei Xerxes und der im persischen Heer bestehen aber nicht unabhängig voneinander: Wenn es auch gewiß richtig ist, wie es überall in der Literatur dargestellt wird, daß Aischylos nicht „den Stolz des Siegers sein eigenes Loblied" singen läßt (Lesky, Geschichte der griech. Literatur, S. 230), daß er vielmehr die Perser sehr objektiv und besonders Dareios, Atossa und den Chor mit sehr vielen positiven Zügen ausstattet, darf man meines Erachtens nicht übersehen, daß für Aischylos das Persertum an sich – in seinen Bräuchen, seiner gesellschaftlichen Struktur – schon den Keim der Hybris in sich trägt und damit dem Untergang geweiht ist. Die herausgehobene absolute Stellung eines einzelnen, des Großkönigs, und die Unterwürfigkeit der anderen, die sich in der Proskynese sinnbildhaft verdichtet, die ungeheure Prachtliebe, der unermeßliche Reichtum, – all das trägt hybrishafte Züge. Es war für Aischylos nicht nötig, den Vertretern einer solchen gesellschaftlichen Ordnung negative Züge beizulegen, denn diese erscheint in sich selbst gesellschaftspolitisch überholt und muß sich deshalb zwangsläufig auflösen. Dieses Bewußtsein scheint mir ganz fest in Aischylos verankert zu sein – ein deutliches Zeichen dafür, welch ein tief demokratisches Selbstverständnis Aischylos innewohnte. Das Perserreich als Ganzes befindet sich demnach im status der Hybris und muß deshalb sein Ende finden.

Von diesem Ansatz her ist wohl auch der Übergang zum anderen Motivationsstrang für das Geschehen im Drama leichter zu finden: Dem Perserreich ist von den Göttern das Ende unausweichlich vorherbestimmt, weil es in seiner mit Hybris durchtränkten Struktur den Urgrund für seinen Untergang in sich trägt. Damit wird dem Beschluß der Götter, das Perserreich zu vernichten, die Selbstherrlichkeit und Grundlosigkeit genommen. An der Tatsache des Vorherbestimmtseins wird nicht gerüttelt, aber es steht nicht mehr am Anfang der einseitige, isolierte Akt der Götter, sondern eine Reaktion auf den status der Hybris.

Aus dieser Betrachtungsweise ergeben sich weitreichende Konsequenzen;

---

[3] Diese Begriffe benutzt Schulz a. a. O., S. 10.

denn nun wird klar, daß für die Götter nicht die Gestalt des Xerxes im Mittelpunkt steht, nicht seine Vernichtung ist ihr Ziel, sondern sie wollen den verborgenen status der Hybris im Perserreich ans Licht bringen, ihn zum actus werden lassen und dann die gerechte Strafe erteilen. Xerxes ist ihnen nur Werkzeug dazu, wie Klytaimnestra bei der Ermordung des Agamemnon es war. Er ist dazu ausersehen, das Perserreich aus dem frevelhaften status zur frevelhaften Tat zu führen, damit dann die Strafe über es verhängt werden kann.

Damit entfällt die häufig geäußerte Kritik (vgl. z. B. Schulz a. a. O. S. 88 f.) an den Persern, daß sie noch sehr primitiv seien, weil hier „bei Xerxes ... am Anfang des Handlungsgefüges ein Dämon" stehe, „der den schlimmen status allererst hervorrief" (Schulz S. 89). Diese Beobachtung ist zwar richtig und geht aus Vers 713 klar hervor. Aber es wird dabei vergessen, daß es im Werk in erster Linie um die Vernichtung des Perserreiches geht und Xerxes nur Werkzeug dafür ist. Deshalb ist es sogar unbedingt notwendig, daß die Götter in ihm die Hybris hervorrufen; denn nur so können sie ihn als Werkzeug benutzen. Xerxes reiht sich damit ein in die Gruppe der Eteokles, Agamemnon, Klytaimnestra und Orest, die alle von den Göttern dazu ausersehen wurden, Werkzeug zu sein und das Strafgericht der Götter über Dritte zu vollziehen. (Eteokles vollzieht das göttliche Gericht über Polyneikes, Agamemnon über Paris und seine Stadt, Klytaimnestra über Agamemnon, Orest über Klytaimnestra.) Der Fehler bei Schulz liegt darin, daß er Xerxes in eine Gruppe mit Paris einordnet, den die Götter deshalb zum Frevel führen, um ihn mit Hilfe von Peitho zu richten (Schulz S. 88). Unter dieser Voraussetzung wäre die Motivation gewiß primitiver als bei Paris.

Um Xerxes als Werkzeug benutzen zu können, lassen die Götter ihn in den status der Hybris verfallen. Sie setzen an seiner gefährdetsten Stelle an, an seiner Stellung als Großkönig, als absoluter Herrscher, wecken seinen Ehrgeiz, treiben ihn in die Selbstüberschätzung. Aus der Hybris entfaltet sich, ohne daß die Götter weiter nachzuhelfen brauchen, wie in einem biologischen Prozeß die Ate, die Freveltat: Denn aus der Hoffart Blüte wächst als Frucht die Ate (808).[4]

Das Perserreich hat durch seine gesellschaftliche Struktur die Hybris als

---

[4] Es trifft für Aischylos nicht zu, daß „Hybris" immer die frevelhafte Gesinnung bezeichnet und „Ate" die daraus resultierende Tat (vgl. Schulz S. 8 und 9). „Hybris" bezeichnet sowohl „Frevelsinn" wie „Freveltat", „Ate" kann „Verblendung", kann „die aus der Verblendung resultierende Freveltat" sowie die dadurch ausgelöste Katastrophe heißen (vgl. Schulz S. 8 und 9, Anm. 3). Beide Begriffe können den status wie den actus bezeichnen. Nur die Tatsache, daß aus einer frevelhaften Gesinnung auch Freveltaten entstehen müssen, steht fest, während die Bezeichnungen wechseln. Zeus straft auch nie die Gesinnung eines Menschen, seinen status, sondern er läßt erst das Gericht über ihn kommen, wenn sich aus ihm Freveltaten entwickelt haben, wenn die Gesinnung sich in Freveltaten manifestiert hat. Zeus läßt sich Zeit, läßt die Frucht der Hybris erst reifen, bevor er seine Strafe über den Menschen schickt.

status in sich, zu Xerxes schicken die Götter einen bösen Dämon, damit er diesen status in ihm hervorruft. So klagt Dareios 713: „Weh! Es kam ein schlimmer Dämon und betörte seinen Sinn". Es ist ein geheimes Indienststellen wie bei Klytaimnestra, die ihren eigenen Antrieben und Interessen zu folgen glaubt, am Schluß der Choephoren aber erkennen muß, daß sie gleichzeitig ein Werkzeug der Götter war und nun auch zu einem Glied in der Fluchkette des Atridenhauses geworden ist. Auch Xerxes glaubt aus eigenem Antrieb zu handeln, verfällt aber sofort – als exponiertes Glied des Perserreiches besonders anfällig – demselben Hochmut wie das Perserreich, indem er die Worte des Vaters mißachtet und mit übergroßem Aufwand gegen Griechenland zieht. Die Ate lockt ihn in die Maschen ihres Netzes, woraus es kein Entrinnen mehr gibt. Nur wird es Xerxes bis zum Schluß nicht bewußt, welche Rolle er spielt; er bleibt bis zum Schluß des Werkes in seiner Verblendung befangen. Er muß es auch, denn der endgültige Niedergang des Reiches mit der Niederlage von Platää steht erst noch bevor. Trotzdem konnten wir einen Lernprozeß wie bei Klytaimnestra feststellen, eine Entwicklung vom Pathos zum Mathos. Dieser blieb aber dem Chor und Atossa vorbehalten und damit vor allem dem Zuschauer; Xerxes ist bis zum Schluß des Werkes davon ausgeschlossen.

Während der böse Dämon auf der einen Seite voller List Xerxes zur Aktion treibt, bereitet er schon auf der anderen Seite seine und seines Volkes Niederlage vor, indem er – wie der Bote berichtet – aktiv zugunsten der Griechen eingreift: „Anstifter allen Leides war ein Rachegeist, ein böser Dämon" (348 f.). – „Ein Dämon war's vielmehr, der unsre Kraft zerbrach" (340).

Die Gottheit trügt und täuscht, handelt mit doppeltem Antlitz – eine für uns nur schwer nachvollziehbare Vorstellung. Aber sie handelt gerecht; das ist Aischylos' ganz fester, unerschütterlicher Glaube. Mögen die Wege der Gottheit noch so dunkel und unklar für den Menschen sein, das Ende ist in jedem Fall sinnvolle Erfüllung. Dafür bürgt der Beiname „Vollender" des Zeus. So bringt auch das Ende der Perser das Geschehen zu einem sinnvollen Abschluß. Die Perser und ihr König sind wegen ihrer Freveltaten geschlagen und vernichtet. Das zerrissene und zerlumpte Kleid des Königs und sein leerer Köcher – das einzige, was ihm blieb (984 ff.) – kennzeichnen die Totalität der Niederlage.[5] Nur wie die Götter die Strafe herbeiführen, bleibt im Zwielicht. Am deutlichsten spricht Aischylos seine Auffassung in einem Fragment der Niobe aus (Frg. 301 N): „Von dem gerechten Trug hält sich der Gott nicht fern".

Zeus ist der Vollender. Aischylos läßt keinen Zweifel daran, daß Zeus das Gericht über die Perser vollzogen hat (728, 814), nicht etwa ein untergeordneter Dämon, daß auch die Taten des Dämon Zeus' Taten sind. Zeus garantiert das Gericht, das dem Perserreich wegen seines status der Hybris bestimmt ist, aber

---

[5] Aischylos benutzt gern solche Requisiten (z. B. den Teppich im Agamemnon, die Fußstapfen in den Choephoren).

er bestraft es nicht schon in seinem status, sondern erst, als sich in der Gestalt des Xerxes und seines Heeres die Hybris in Freveltaten manifestiert hat. Erst wenn der Mensch selbst seinen Sturz sucht (vgl. 730), greift die Gottheit mit an. Insofern wird der Zeitpunkt der Strafe durch das Verhalten des Menschen beeinflußt, und Dareios' Vorwurf Xerxes gegenüber, er habe den Sturz des Reiches beschleunigt durch sein Verhalten, trifft ihn zu recht. Die Bestrafung steht fest, aber sie hätte ohne Xerxes' und des Heeres Zutun auch viel später eintreten können.

Göttliches und menschliches Handeln greifen ineinander, ohne daß der Anteil der Gottheit und der der Menschen klar voneinander getrennt werden können. Die List der Griechen vor Salamis, einen angeblichen Überläufer zu Xerxes zu schicken, der ihn falsch unterrichtet, stammt von Themistokles, der Überläufer hieß Sikinos – alles bewegt sich im Rahmen des Menschlichen. Trotzdem ist es gleichzeitig Tat eines bösen Dämons, der die Perser irreführt (vgl. 348 ff.). – Ein Dämon war es, der die Kraft der Perser vor Salamis zerbrach (340 ff.); es war aber gleichzeitig der Mut und die Kraft der Griechen. – Ein Dämon verleitete Xerxes, aus Hochmut und Stolz das ihm gesetzte Maß zu überschreiten – dem Dämon wird deutlich die Priorität des Handelns zuerkannt (vgl. 713) –, gleichzeitig aber ist es ein Frevel, der aus Xerxes' Innerem entsteht und die gerechte Strafe nach sich zieht. Göttliches und menschliches Handeln sind nicht voneinander abzugrenzen. Sie bestehen nebeneinander. Hermann Fränkel (Wege und Formen frühgriechischen Denkens, S. 40–96) spricht mit Recht von einer „archaischen Parataxe", die von „klassischer Hypotaxe" noch weit entfernt ist.

Aischylos geht es primär darum, ein Geschehen, das ihnen allen in seiner Größe und Bedeutung als überirdisch erschien, in die Kategorien von Schuld und Sühne zu fassen und dementsprechend zu deuten. So stellt sich ihm die Katastrophe des persischen Reiches als Folge der griechischen Ursünde, der Hybris, dar, die die gerechte Strafe durch Zeus nach sich ziehen muß. Die Griechen selbst faßt er als Vollzieher der Strafe auf, die mit Zeus' Hilfe einen materiell weit überlegenen Feind überwinden dürfen.

Eine entscheidende Frage, die für den heutigen Leser im Zentrum steht, bleibt im gesamten Werk ungelöst, die Frage nämlich: Kann man Xerxes als schuldig bezeichnen für einen Frevel, den im Grunde die Gottheit selbst in ihm hervorgerufen hat? Aischylos' Antwort ist eindeutig: Xerxes ist schuldig und muß bestraft werden. Aber die Frage nach der Mitverantwortung der Götter für seine Schuld tritt als Problem anscheinend noch nicht ins Bewußtsein des Aischylos. Nirgends wird sie als anstößig dargestellt. Die Rolle des Werkzeugs ist in den Persern noch nicht in ihrer ganzen tragischen Tiefe erfaßt, obwohl die Grundkonstellation schon vorhanden ist. Erst in der Orestie stellt sie Aischylos in ihrer ganzen Radikalität: Orest wird gegen seinen Willen von Apoll gezwungen, seine Mutter zu töten, und wird trotzdem von den Erinnyen als Muttermörder verfolgt.

Aus diesem Konflikt gibt es für ihn keinen Ausweg; wie er auch handelt, er handelt schuldhaft. Hinter dieser Frage wird ein Konflikt von Riesenausmaßen sichtbar, der quer durch die Götterwelt geht. Und deshalb ist er auch nur durch den Gnadenakt der Götter lösbar.

„Die Perser" sind eine Tragödie der Perser, nicht eine des Xerxes. Xerxes steht nur insofern im Mittelpunkt, als sich in ihm die Niederlage der Perser manifestiert, insofern er als Repräsentant des Perserreiches beispielhaft den inneren Zustand des Reiches widerspiegelt. Zudem fällt ihm die Rolle zu, das Perserreich aus dem status in den actus der Hybris hinüberzuführen. Sein persönlicher tragischer Konflikt aber, der sich durch seine Rolle als Werkzeug der Götter ergibt, ist noch nicht ausgestaltet, die Problematik dieser Rolle, die in den späteren Werken des Aischylos im Mittelpunkt steht, ist anscheinend in ihrer Tiefe noch nicht erfaßt. Deshalb sollte allmählich die Kritik an den Persern verstummen, die dem Werk Unausgewogenheit vorwirft, weil die Hauptperson nur in der letzten Szene auftritt, außerdem so wenig heldenhafte Züge aufweist. Die Rolle des Xerxes wird von diesen Kritikern zu sehr an der Rolle des Haupthelden in der Orestie gemessen.

Aischylos gestaltet den bedeutenden historischen Sieg der Griechen über die Perser „als großes Gleichnis für das Walten Gottes" (Lesky, Geschichte der griech. Literatur, S. 230). Er fragt nach den Ursachen des Geschehens und deutet es mit den Kategorien von Schuld und Sühne. Die Gestalt des Xerxes ist nur in diesem Zusammenhang, nicht aber isoliert zu deuten.

Zur Neubearbeitung der Perser durch Mattias Braun

Die Perser wie auch die anderen Werke des Aischylos standen seit je im Schatten der großen Trilogie der Orestie, 458 v. Chr. zum erstenmal aufgeführt, mit der Aischylos den Höhepunkt seines Schaffens erreichte. Eine Fülle von Dichtern versuchte sich an der Neugestaltung dieses Stoffes – man denke nur an Voltaire, Hauptmann, Sartre, Anouilh.

Über die Perser wissen wir, daß Aischylos sie gegen die antike Gepflogenheit ein zweites Mal in Sizilien hat aufführen lassen. Nach seinem Tode wurden noch häufig Tragödien von ihm zum Wettkampf zugelassen. Es liegt nahe anzunehmen, daß auch die Perser dazugehörten.

In unserem Jahrhundert rückte dieses Werk erst wieder in den Mittelpunkt der Diskussion, sieht man von einzelnen Aufführungen ab (so 1948 in Kiel durch Gustav Rudolf Sellner), als Mattias Braun eine Nachdichtung der Perser vorlegte und mit einer Aufführung im Berliner Schiller-Theater 1960 unter der Regie von Hans Lietzau mit der unvergessenen Hermine Körner in der Rolle der Atossa großes Aufsehen erregte. Dieser Aufführung folgten noch weitere, z. B. in Dortmund 1960.

Mattias Braun, geboren 1933, hatte 1957 und 1958 schon Neudichtungen der „Troerinnen" und der „Medea" des Euripides auf der Freilichtbühne der Luisenburg aufführen lassen.

Über die Veranlassung, eine Neudichtung der Perser zu schreiben, berichtet Mattias Braun folgendes (Programm des Schiller-Theaters, 1959/60, Heft 93):

„Die Anregung zu dieser Arbeit kam von Hermine Körner. Für mich der Grund sie aufzugreifen, war die Art der Körner, wie sie Theater spielt. In einer Epoche, in der das Pathos durch den Mißbrauch, der lange mit ihm getrieben wurde, entwertet ist, degradiert, weil sich zu viele Lügen, die jetzt entlarvt sind, dahinter verbargen, in der es verkümmerte zu diesem von einer Aussage unabhängigen emotionalen Kraftakt, einem puren Technikum, das die armen Schauspieler, die sich in ihm üben, der Lächerlichkeit preisgibt, hat sie, Hermine Körner, verstanden, es als Ausdrucksmittel wieder zu legitimieren, das heißt: nach den Zerrbildern und Karikaturen von Pathos, die auf den Bühnen unseres Zeitalters sichtbar sind, gibt sie ein Beispiel dafür, was Pathos wirklich ist: der groß und stark geformte natürliche Ausdruck dessen, was den Menschen groß und stark bewegt."

Aber Hermine Körner nahm auch selbst starken Einfluß auf die Nachdichtung des Werkes:

„So hatte Hermine Körner bestimmte Ideen, wie unsere Perser sein sollten, wenn sie sie spielte. Sie gab mir mit ein paar Worten diesen und jenen Hinweis ..."

Über die Schwierigkeiten, die sich ihm bei der Neufassung der Perser entgegenstellten, berichtet der Autor (Anmerkungen zur Textausgabe, Fischer Verlag, Fischer Schulausgabe S. 56):

„Eine Übertragung des alten Textes, Wort für Wort, wie er war zur Zeit seiner Entstehung, auf unser Theater würde den Aischylos automatisch stark deformieren, im großen und ganzen sogar unverständlich machen, jedenfalls ihm nicht gerecht werden. Solche Übertragung auf das Theater zu bringen, konnte nicht verantwortet werden, vor Aischylos nicht und vor dem Theater nicht."

In dem Bestreben, modernen Ansprüchen gerecht zu werden, kam Braun zu Änderungen formaler sowie auch substantieller Art. Eine wichtige Änderung sah er darin, die Fülle der fremdländischen Namen, die für die damaligen Zuschauer große Aussagekraft hatten, für uns aber nur Wortgeklingel sind, zu eliminieren. Er erkannte in dieser Namenhäufung des Aischylos das Bestreben, die Macht der Perser hervorzuheben und damit die Fallhöhe möglichst groß zu gestalten. „Der Sturz in die Tiefe soll als vom denkbar höchsten Punkt erfolgend gezeigt werden können und damit um so sichtbarer sein" (Fischer Schulausgabe S. 57). Mattias Braun verfolgte denselben Zweck mit anderen Mitteln:

„Ersetzen durch neuere, bekannte Namen ist nicht angängig, denn die Anwendbarkeit der Perserfabel ist nicht durch Aufstellen einer einfachen Gleichung erreichbar (etwa Xerxes = Hitler. Man kann das Denken über den Fall Hitler durch Mitteilungen von

Gedanken über den Fall Xerxes lediglich anregen, nicht aber ersetzen . . .). Es mußte versucht werden, die alte, wie sich herausgestellt hatte, noch gut verwendbare Anordnung mit Hilfe neuer theatralischer Erfindungen neu nutzbar zu machen.
Es werden benötigt:
A) der Ausdrucksträger für die Siegeserwartung,
B) der für die Angst, daß es keinen Sieg geben wird.
Für A) wurde die Figur des Statthalters,
Für B) wurden die fünf Männer aus der Stadt und der stumme Verfolgte erfunden."

Eine zweite Änderung betrifft die Rolle der Götter:

„Das, was das Menschliche von außerhalb des Menschlichen beeinflußt, mußte in dem neuen Stück anders gefaßt werden, als es in dem alten dargestellt war, anders als durch Nennung von Göttern also. Es wurde das erkennbar Gesetzmäßige in Vorgängen dafür genommen . . . So konnte sichtbar gemacht werden, daß die Dinge der Menschen Gesetzen, nicht Launen folgen, und das heißt: daß die Gesetze einigermaßen Voraussehbares garantieren, also dem Menschlichen eng verbunden sind und, je nachdem wie die Menschen sich verhalten, so oder so zum Zuge kommen können. Die Würde des Menschen als eines vor sich selbst und seiner Art verantwortlichen Wesens zu betonen, erschien für das neue Stück als ein Gewinn" (Fischer, Schulausgabe S. 58).

Diese Änderung mußte die Substanz des Aischyleischen Stückes treffen, ist es doch in seiner Gesamtheit vor allem durch die Rolle der Götter bestimmt. Besonders die Dareiosszene, in der das Geschehen seine Deutung erfährt, mußte bei Braun stark geändert werden. Während bis zu dieser Szene die Änderungen mehr technischer Natur sind, nimmt das Stück von da an eine neue Wendung; denn Dareios versucht hier nicht Xerxes zu retten, wie bei Aischylos, sondern sieht in ihm, ja eher noch in seiner Erziehung, für die ja Dareios selbst zusammen mit Atossa verantwortlich ist, das Grundübel. Diese Neudeutung Brauns ist folgerichtig, da nach Verlust der Sphäre der Götter die Schuld an dem Geschehen mit ihrer ganzen Schwere auf den Menschen lasten mußte, vor allem natürlich auf Xerxes. Und so gipfelt auch die Szene konsequent in der Forderung des Dareios an Atossa: „Töte Xerxes!" Atossas Ausflüchten begegnet Dareios mit den Worten (S. 36):

„Und hättest du Worte, scharf wie Messerklingen,
du kämst nicht in sein Ohr. Wir pflanzten ihm
schon früh die kalten Eisen in das Fleisch ein.
Jetzt, kommt er her, Mord starrt ihm von den Fäusten,
fest drin verwachsen wie die eignen Nägel,
und kann nichts anderes als bloß Gewalt ."

Die Szene und mit ihr der ganze Schluß des Werkes entwickelt sich so zu einer gewaltigen Anklage gegen den Krieg und die ihn entfachen:

„Wir (Dareios und Atossa) waren an dem Leben ein Aussatz,
und was von uns ist, wird ein Aussatz sein.
Wenn, als wir lebten, zu der Zeit ein Schreien

vernommen wurd, das waren, die wir folterten . . .
Nein. Scharen Eroberer mußten wir ausschicken
und über der Leichenfelder Fäulnis, in der
die ersten vergingen, neue
Scharen Eroberer
und mußten eine Furcht sein
schließlich uns selbst.
Denn es kam so weit, daß wir
als wärs alltägliche
Beschäftigung, Mittagessen,
Jäten, Pflügen, ans Würgen gingen . . .
Wir brachten unsre Tage zu
ohne Unruhe mit Städtesengen,
und Menschen waren uns nur Rümpfe,
wir trieben sie in Herden vor und warfen
sie auf andere Herden andrer Rümpfe,
und das zerknäulte Fleisch zerfraß sich selbst,
bis alles nicht mehr da war, das
ist jetzt bald."

Atossa, zunächst nicht dazu bereit, Xerxes zu töten, verflucht ihn, als sie sieht,
daß dieser – wie Dareios voraussah – alle zu einem sinnlosen Widerstand mobili-
siert und mit Greueltaten zum Kampf und damit zum sicheren Untergang führen
wird.

Im Schlußmonolog, von Hermine Körner mit großer Wirkung im Berliner
Schiller-Theater vorgetragen, wendet sich Atossa dem heutigen Zuschauer zu,
ohne daß aber die Illusion durchbrochen wird (S. 54 f.):

„Hört ihr das Schrein aus unsern Städten noch,
da sie im Rauch verschwanden, ihr,
anderer Zeiten Lebende, das waren
die Qualen, angetan uns von uns selbst.
Oder hört das niemand mehr und ist in dem, was heut
geschieht, der Keim so schrecklichen Verendens,
daß nichts mehr ist danach? Ist jetzt der Weg zu? . . .
Stehend in der Gehenkten Schatten, zwischen
Erschlagenen, selber erschlagen bald,
und wenn niemand mehr da ist, und wenn morgen
der Mensch ausgerottet ist,
so ruf ich es ins Nichts und ich bezeug es,
der hier verging an sich selbst in Blut und Schuld,
ihm war an Größe nichts gleich . . .
Aber versank
in Finsternis und Barbarei und ward
zum Schluß nicht mehr erkannt."

Literaturverzeichnis

Entstehung und Entwicklung der griechischen Tragödie

BUSCHOR, ERNST: Satyrtänze und frühes Drama. In: Sitzungsberichte der Bayer. Akad., Phil.-Hist. Abt., 1943/5, S. 75ff.

KOLLER, HERMANN: Dithyrambos und Tragödie. In: Glotta 40 (1962), S. 183–195

LESKY, ALBIN: Die tragische Dichtung der Hellenen. 2. Aufl. Göttingen 1964

DERS.: Die griechische Tragödie. Stuttgart 1938 (2. Aufl. 1957)

PATZER, HARALD: Die Anfänge der griechischen Tragödie. Wiesbaden 1962

PICKARD-CAMBRIDGE, A.W.: Dithyramb, Tragedy and Comedy. Neubearbeitet von L. Webster. Clarendon Press, Oxford 1962

POHLENZ, MAX: Die griechische Tragödie. Leipzig 1930

WILAMOWITZ, ULRICH VON: Einleitung in die griechische Tragödie. Berlin 1921

Textausgaben (Auswahl)

GROENEBOOM, P.: Aischylos' Perser, Einleitung, Text (griechisch), Kritischer Apparat. Göttingen 1960

MURRAY, GILBERT: Aeschyli Tragoediae, Text (griechisch), Kritischer Apparat. 2. Aufl. Oxford 1955

Übersetzungen (Auswahl)

AISCHYLOS: Die Perser, übertragen von Curt Woyte. Stuttgart 1955 = Reclams Universal-Bibliothek Nr. 1008

AISCHYLOS: Die Perser, übertragen von Heinrich Voß. In: Aischylos: Die Tragödien. Hamburg 1961 = Exempla classica 30

Einzeldarstellungen

DECKINGER, HERMANN: Die Darstellung der persönlichen Motive bei Aischylos und Sophokles. Ein Beitrag zur Technik der griechischen Tragödie. Leipzig 1911

DEICHGRÄBER, KARL: „Der listensinnende Trug des Gottes", Sitzungsbericht vom 17. 11. 39 in der Ges. d. Wiss. Nachrichten, Phil.-Hist. Kl. Fachgr. I.N.F. Bd.4.

DERS.: Die Perser des Aischylos. Sitzungsbericht vom 18. 7. 1941. Nachr. d. Akad. d. Wiss. in Göttingen. Phil.-Hist. Kl. 1941

EITREM, S.: The necromancy in the Persai of Aischylos, Symbolae Osloenses, Fasc. VI, 1928

FICKER, WERNER: Vers und Satz im Dialog des Aischylos. Diss. Leipzig 1935

FRÄNKEL, HERMANN: Wege und Formen frühgriechischen Denkens. München 1955

HILTBRUNNER, OTTO: Wiederholungs- und Motivationstechnik bei Aischylos. Bern 1950

KIERDORF, WILHELM: Erlebnis und Darstellung der Perserkriege. Göttingen 1966 = Hypomnemata H. 16

KITTO, H.D.F.: The Idea of God in Aeschylus and Sophocles. In: Entretiens Tome I, Sept. 1952, 169ff.

LESKY, ALBIN: Geschichte der griechischen Literatur. Bern 1957/58

PORZIG, WALTER: Aischylos. Leipzig 1926

REINHARDT, KARL: Aischylos als Regisseur und Theologe. Bern o.J.

SCHULZ, PETER-RUDOLF: Göttliches und menschliches Handeln bei Aischylos. Diss. Kiel 1962

SNELL, BRUNO: Aischylos und das Handeln im Drama. Leipzig 1928 = Philologus, Supplementband XX, Heft 1

THOMSON, GEORGE: Aischylos und Athen. Berlin 1957

WILAMOWITZ-MOELLENDORFF, ULRICH VON: Aischylos Interpretationen. Berlin 1914

Zur Neubearbeitung von Mattias Braun

MATTIAS BRAUN: Die Perser nach Aischylos. Frankfurt am Main 1961
Programmheft Schiller-Theater, Berlin 1959/60, Heft 93

Grundlagen und Gedanken zum Verständnis des Dramas